袅袅炊烟在浅山：京郊村落记忆

平谷卷

北京联合大学应用文理学院　组织编写
张景秋　主编　付晓　著

北京出版集团
北京出版社

图书在版编目（CIP）数据

袅袅炊烟在浅山 ：京郊村落记忆. 平谷卷 / 北京联合大学应用文理学院组织编写 ；张景秋主编 ；付晓著. —北京 ：北京出版社，2022.9
ISBN 978-7-200-17413-7

Ⅰ. ①袅… Ⅱ. ①北… ②张… ③付… Ⅲ. ①村落—调查研究—平谷区 Ⅳ. ①K921.5

中国版本图书馆CIP数据核字(2022)第166529号

责任编辑：耿苏萌　赵　宁
责任印制：彭军芳

袅袅炊烟在浅山：京郊村落记忆　平谷卷

NIAONIAO CHUIYAN ZAI QIANSHAN: JINGJIAO CUNLUO JIYI　PINGGU JUAN

北京联合大学应用文理学院　组织编写
张景秋　主编
付　晓　著

出　版　北京出版集团
　　　　北 京 出 版 社
地　址　北京北三环中路 6 号
邮　编　100120
网　址　www.bph.com.cn
总发行　北京出版集团
发　行　京版北美（北京）文化艺术传媒有限公司
经　销　新华书店
印　刷　鸿博昊天科技有限公司
版印次　2022 年 9 月第 1 版第 1 次印刷
开　本　787 毫米 ×1092 毫米　1/32
印　张　6.375
字　数　157 千字
书　号　ISBN 978-7-200-17413-7
定　价　88.00 元

编委会

序

为全面贯彻党的十九大关于加快生态文明体制改革、建设美丽中国的总体要求，深入贯彻落实习近平总书记视察北京系列重要讲话精神，牢固树立和践行“绿水青山就是金山银山”的发展理念，按照党中央、国务院批复的《北京城市总体规划（2016年—2035年）》（简称《总体规划》）中提出的将浅山区建设成为首都生态文明示范区的总体要求，2021年，《北京市浅山区保护规划（2017年—2035年）》（简称《浅山区规划》）正式颁布，标志着将浅山区建设成为首都环境治理能力展示窗口、特大城市生态文明示范地区、山区居民共享共生美丽家园和千年古都历史文脉传承源地的总体目标进入了新发展阶段。

从地貌地形上来看，北京居于华北平原北端，全市60%以上地区为山区，是首都天然的生态屏障。根据海拔高度的不同，分为浅山区和深山区。根据《浅山区规划》规定，北京市浅山区是以高程系100—300米的浅山本体为基础，主要包括第一道山脚线穿越的平原和浅山交界地区，以及300米等高线穿越的浅山和深山交界地区（不含密云水库以北地区），并将中心城区及新城集中建设区范围予以调出，形成北京市浅山区保护规划范围，共涉及海淀、丰台、石景山、顺义、昌平、房山、门头沟、平谷、怀柔、密云等10个区66个乡镇（街道），总面积约4833平方千米，占市域面积的29.5%。

北京浅山区是首都重要的生态屏障。作为平原与深山的交界地区，山前冲积洪积扇的过渡地带，浅山区区域内水系相对发达，生物种类丰富，是城市发展的生态屏障前缘，是人类与自然共生共存的集中地。所以《浅山区规划》中提出，要围绕浅山区生态保育和生态建设的核心功能，加强生态保育和生态修复，建构山水林田湖草生命共同体，持续提升生态环境规模和质量，促进人与自然和谐共生，践行“绿水青山就是金山银山”的发展理念，实现青山绕城、绿水环山、森林繁茂、良田美景的生态保育与修复总体目标，以确保首都的绿水青山常在，自然生态系统安全稳定。

北京浅山区也是首都功能的重要保障区和延伸区。这里水土地热适宜，人类活动频繁，是乡村生产生活印记鲜明的区域。所以《浅山区规划》中提出，要坚持绿色发展，在发展中保护、在保护中发展，推动生态惠民、生态利民、生态为民，改善城乡人居环境，引导文化旅游、休闲度假、都市型农业、会议会展服务、高科技项目为主的生态友好型产业体系落户浅山区，推动形成绿色高质量发展方式，更好地激发生态涵养区的内生活力。

北京浅山区还是长城文化带和西山永定河文化带的重要空间承载区

和展现区。这里历史悠久，文物古迹众多，是北京多元文化融合发展的见证地。长城文化带和西山永定河文化带在此交汇延展，从早期人类活动遗址、聚落遗址到历史时期形成的宫殿、园囿、庙宇、村落、古道、关隘，在西山、永定河、长城的串联下，塑造成带状的镶嵌在京华大地上的璀璨明珠。所以《浅山区规划》中提出，要保护好、传承好、利用好浅山区的生态文化本底、历史文化资源和文化脉络，形成文化探访路线，讲好浅山故事和北京故事，全方位展示首都文化魅力。

全面落实乡村振兴战略，推进浅山区美丽乡村建设，既是浅山区规划的目标，更是民生所指。村庄是浅山区最广大、最显著的地理单元和行政单元，散布在浅山区的村庄形成了有别于城市的乡村空间，而北京浅山区的乡村在传统与现代的交汇融合中锻造出自己独特的性格。车程1小时，从喧闹到寂静，浅山区承担着接壤首都从高速快捷的中心城市，向质朴悠闲的山区的转折。所以《浅山区规划》中提出，要以生态涵养为根本，延续人与自然有机融合的乡村空间关系，将浅山区建设成为山水美、田园美、村庄美、生活美、人文美的北京美丽乡村示范区。

作为与城市并存的一种地理空间，乡村的生产、生活和生态特质具有一定的共性特征。首先，农业生产是乡村的根本，是形成乡村特性的决定性要素。无论是乡村聚落，还是乡约民俗的形成发展，都是在有利于农业生产的基础上产生、塑造和传承的。其次，慢生活形态是乡村的美学基础。乡村生活与城市生活的区别就在于快与慢。也许乡村的生活计时不完全是以小时为单位，是依农时节气而定，在播种收割中感受着天地日月精华带来的喜悦与满足，那种慢慢生长的岁月静好和生命韧性，是城市生活所不能给予的。

记忆中与晨辉和晚霞呼应的袅袅炊烟，带来的是对以往岁月的怀念，是对未来美好的期待，更是对靠自己努力就会有所收获的自信。从20世纪的自然资源开发型为主导乡村发展模式，逐渐转变为当下符合首都功能需求的生态资源保护与文旅融合发展的新型乡村发展模式，起承转合中留下的和消失的都将定格在人们的记忆中。

“袅袅炊烟在浅山：京郊村落记忆”系列丛书的策划初衷就是希望将这些记忆和变化记录下来。根据《浅山区规划》，丛书选取了位于东北部水源涵养和生态休闲区的密云和平谷，中部首都功能延伸区的怀柔和昌平，西南部历史文化和生态休闲区的门头沟和海淀，以及参照执行的延庆浅山区，通过走访形式，写人写景写事，讲述北京的浅山故事，在故事中展现生动的绿水青山、多元的乡村景观、多彩的文化活动、幸福的乡居生活。

本丛书的作者以北京联合大学应用文理学院的教师为主，以及中央新闻纪录电影制片厂的胡师睿、中国艺术研究院的朱佳博士、北京建筑大学的刘清越硕士。作者的分工分别是：朱佳、吕红梅负责海淀卷，莫常红、胡师睿负责昌平、延庆卷，张景秋、刘清越负责怀柔卷，叶盛东负责密云卷，付晓负责平谷卷，李雪妍负责门头沟卷。

丛书从选题到走访再到成书，得到了北京出版集团领导、编辑们的大力支持、指导和帮助，在此表示衷心的感谢！在走访过程中，得到了相关区、部门和百姓的理解、支持与帮助，在此表示衷心感谢！

绿水丰涟漪，青山多绣绮。未来的北京浅山区一定会成为展现大国首都生态文明建设和人与自然和谐发展良好关系的重要窗口。

张景秋

2021 年 3 月

前　　言

“袅袅炊烟在浅山”，让我联想到几年前在平谷区大华山镇挂甲峪村田野调查时的场景：夕阳西下，半山坡上的屋顶升起缕缕青烟，不远处的池塘泛着点点微光，俨然一幅山水画卷。

与山的缘分，与生俱来。我出生于成都平原一个山清水秀的小镇，小时候常常望着连绵起伏的山峦遐想万千：“山的那头，到底是什么样的？”后来到北京读书和工作，穿梭于车水马龙的街头，总感觉缺点什么，直到有一天，我偶然望见远处的山，才找到心中的答案。小时候，山的那头是远方，长大了，山的那头是故乡。

“知山知水，树木树人”。上大学的时候，看过一本设计类图书，叫《绿与美的山坡地》。书中展示了各种生态修复和景观营造的案例，让我第一次领略到人与自然和谐相处的要义。也是从那时起，我开始了与山的亲密接触，在北京山区开展生物多样性调查，土壤侵蚀监测，小流域综合治理，成为绿水青山的守护者。工作以后，我从事生态城市相关研究，更多关注北京山区的生态，近年来转向国土空间规划与乡村振兴的研究。

北京市浅山区，位于深山与平原的过渡地带，生态环境优美，资源矿藏丰富，文化底蕴深厚，散落在其间的乡野村落，是彰显和传承优秀传统文化、展现北方乡居民俗的重要载体。借由本书的编撰，循着历史文脉，展开平谷区燕山山前文化探访之旅。上宅的第一缕炊烟早已散去，但透过精美的石器，可以追寻远古先民的足迹。将军关山河依旧，将军石傲然挺立，风雨飘摇金戈铁马已成尘封往事。民间老会依然活跃在乡野之间，根植乡土推陈出新，绽放传统艺术的光芒。太后村主打“文化+美食”品牌，太后美食文化节办得红红火火，吸引八方来客。行宫村深挖丫髻山历史文化资源，成立乡情村史陈列馆，保护和传承本土特色和乡愁情愫。金海湖风光旖旎，特色休闲小镇建设方兴未艾，精品民宿改造工程为传统民俗旅游注入新的活力……浅山村落如点点繁星，熠熠生辉。质朴而善良的乡亲们，在这片土地上辛勤劳作，营造出山美水美的浅山乡村新风貌。

当我一次次行走在泃水之畔，被满眼的绿意包围，感受淳朴民风，体验乡间劳作，陶醉于田园生活和山水风光，学会慢下来细细品味，身心得到洗礼与抚慰，这就是美丽乡村带来的文化启迪与人生感悟，也是建设共享共生美好家园的真正意义。

本书共分为18个章节，涉及山川形胜、历史变迁、特色美食、乡居生活、民俗文化、地道风物、乡村更新等方面，粗略勾勒出平谷浅山的村落印象。其中，第8、9、10章分别为蔡清菁、王妍蕊、贾少良编写，其余章节均为本人编写。本书在编写过程中，参考了大量的文献资料与网络资源，限于篇幅，恕不一一列出，敬请谅解。由于作者水平所限，文中难免会出现疏漏或错讹之处，恳请读者批评指正。

付 晓

2021 年初夏于北京

浅山云见（于春花摄）

目　录

01 燕南泃北话平谷

在北京这样一个半圈状的山地空间格局中，东部的平谷区是浅山面积占比较大的区域。境内最高峰东指壶海拔1243米，与京西一系列海拔超过2000米的山峰相比，不算很高。可是浅山亦有浅山的妙处，造就了平谷地区独特的自然景观和人文景观。

一

燕山耸峙于北，泃水潆洄于南

研究北京地域的文化，可以透视更深远的历史空间，因为文化与自然生态环境有着密切的关系。“天地玄黄，宇宙洪荒”，中国大地构造的发展和地貌轮廓的奠定要从约15亿年前的燕山运动说起。地壳因为受到强有力的挤压，褶皱隆起，成为绵亘的山脉，北京北部的燕山，就是典型的代表。

平谷地处燕山山脉南麓与华北平原北端的交会处，总面积1075平方千米。东、南、北三面环山，中心为平原谷地，山区、半山区面积达到三分之二，平原面积为三分之一。北部以石英砂岩构成的低山为主；而南部和东部多为硅质白云岩构成的低山；中部尚有一片由片麻岩构成的低山和丘陵地带。山区内由于断裂构造发育而形成沟谷平直且多直角转弯的地貌。明代蒋一葵所著《长安客话》有记：“平谷在盘山西，故称盘阴，本古渔阳郡地。汉初封卢绾于此，绾亡始置县。四周皆山，中则平地，因以平谷名。”

山水相依，河流沿山体断裂处流过，流经平谷区的是海河流域蓟运河水系，境内有河流32条。泃河是境内最长河流，长54.15千米，发源于河北省兴隆县，于平谷区金海湖地区罗汉石村入平谷区境，于东高村镇南宅村出境入三河市。其他河流均为泃河支流，其中洳河系泃河最大支流，发源于平谷区镇罗营镇玻璃台村，于马昌营镇前芮营村汇入泃河，总长53.53千米。泃河是平谷的母亲河，关于泃河的文献记载，最早见于春秋战国时期的史书《竹书纪年》。书中《魏·梁惠成王》记载："梁惠成王十六年，齐师及燕师战于泃水，齐师遁。"文中的泃水，即泃河。而据史书记载，著名的金海湖是清康熙十八年（1679年）一次大地震形成的天造地设的泃河峡谷。

对于平谷的山川形胜，古人有云"燕山耸峙于北，泃水潆洄于南"。

水天一色金海湖

据王兆元所编《平谷县志》记载："自古建置都邑，必因山河之形势。平谷南、东、北三面环山，层峦叠嶂，资为屏藩。泃水、洳河映带左右，萦回境内，汇于西南，洵天然之疆界。"

平谷地区属华北暖温带大陆性季风气候区，水汽主要来源于东南海洋季风补给。因燕山迎风坡的水汽抬升作用，山前区形成多雨带，降水量在年内分配极不均匀，80%以上降水集中于汛期，而汛期又往往取决于几次暴雨，泃河上游即处于马兰峪暴雨区，冬夏长，春秋短，四季分明，日照充足，年平均气温在11.5℃左右。境域的土壤主要是棕壤、褐土、潮土、水稻土4个土类。东、北、南部的中低山和丘陵地带为山地棕壤褐土区，山前台地和沟谷为山前褐土区，中、西部和西南部的泃、洳二河的冲积平原为潮土区，间有小片水稻土。平原地区水源充沛，土壤肥沃，为主要粮菜区。

平谷地区植被资源丰富，素有"绿谷"之称。森林覆盖率常年居北京市首位，是北京重要的生态涵养发展区。境内种植大量桃树，荣获中国果品学会授予的"中国桃乡"称号，还有大宗树生果品为代表的"平谷十二果"，是一个种植多样果品的"王国"。

二

上宅文化传千古，鱼子山下望轩辕

燕南泃北塑造出平谷的自然基底，而平谷的历史文脉也源远流长。据考古发现，早在旧石器时代，平谷地区就出现了人类活动的痕迹，发现旧石器出土地点12处，大多分布在平谷东部山前台地、河流两岸。上宅文化，其遗址包括北埝头与上宅两处，是北京地区迄今为止发现最早的原始农业萌芽状态的新石器时代文化，距今一万年至五六千年。

“鱼子山下望轩辕”，鱼子山，古亦称渔子山。关于鱼子山有两种说法，一说鱼子山“岗阜隆然，形如大冢”，一说鱼子山下为轩辕陵，山上建有轩辕庙。据《大明一统志》记载：“鱼子山，在平谷县东北十一里，上有大冢，云轩辕黄帝陵也。唐陈子昂诗‘北登蓟丘望，求古轩辕台’，疑即谓此。山下有轩辕庙，见存。”轩辕黄帝此人是否存在，抑或鱼子山是否留有轩辕黄帝或其后人活动遗迹，因年代久远已不可考，但历代文献均有轩辕陵的相关记载，足见轩辕文化对平谷地区的影响深远。

南独乐镇刘家河商代墓葬距今已有3000多年，出土的金、铜器等是北京地区迄今出土最早的一批商代中期文物。刘家河商代墓葬的考古挖掘揭开了平谷地区青铜文化的神秘面纱。

平谷建置于汉高祖十二年（前195年），隶属渔阳郡，《汉书·地理志》记载，渔阳郡有12属县，平谷为其中之一，而其他县或撤或早已无存，唯独平谷延续至今。 就北京市现辖各区而言，名字出现的时间早晚不同，平谷是唯一保留至今一直未曾改名的区县，为北京市地名最古的区县，距今已经2200多年了。同时，平谷又是一个年轻的区县，1958年10月才进入北京的版图。

平谷西北部有一座道教名山丫髻山，素有“近畿福地”之称，“北方泰岳”之誉，为京东名胜大观。丫髻山兴于元，在清康乾时达到鼎盛，兴盛数百年。丫髻山庙会号称京东第一庙会，在京津冀地区具有广泛影响。

平谷境内的长城以明长城为主，主要为东南至西北走向，多为因陋就简、就地取材修筑的石砌长城。东南从京津冀交界处最高峰大松木顶起，北至兴隆、密云和平谷交界处的北水峪挂弓岭。长城内外亦是汉族与游牧民族的文明交会之地。

三

京东桃花源，世界休闲谷

平谷，一个既古老又年轻的区域。说它古老，数亿年前燕山运动造就了其基本形态，平谷之名自汉高祖时期沿用至今2000多年。说它年轻，1958年才进入北京的版图，成为北京东部重要的生态涵养区及京津冀发展的纽带。

新时代的平谷，面临着新的发展机遇，目前平谷正致力打造“森林城市”“休闲城市”“山水城市”等城市名片。平谷于2015年开始大力实施森林生态、森林产业、森林休闲、生态文化和生态保障五大体系建设工程，着力构建一个完整的森林网络空间格局。2018年平谷区的森林覆盖率达到67.9%，城区绿化覆盖率52.09%，城区人均公园绿地面积20.77平方米，创森总体规划的18项重点工程基本完成，40项创森指标均已达到或超过了《国家森林城市评价指标》的标准，成为北京首个“国家森林城市”。

平谷是一座生机勃勃的休闲新城。2021年世界休闲大会无疑为平谷提供了一个向本土和国际社会展现自身社会、文化、经济发展的平台。2021年世界休闲大会的主题是“休闲提升生活品质”。大会提倡“全城、全季、全民”的休闲理念，推进休闲的时间、空间、主体全覆盖。深入探讨休闲与生活的关系，涵盖休闲与养生、休闲与文化、休闲与生态等主题。

核桃洼村山景

2020北京·平谷世界休闲大会

平谷大桃（于春花摄）

02 挂甲峪的山居岁月

对于常年蜗居于城市水泥森林中的我来说，挂甲峪村实在是个有趣的去处。它地处偏远，周边也没有著名的景物，甚至有点默默无闻，然而它的宁静与自在却吸引了我。每到夏天，我总会回想起在挂甲峪村的几日闲散时光。

与挂甲峪村的相遇纯属偶然。几年前因为筹备暑期田野调查，我带着两个学生来到平谷区踩点调研。我们先来到了某著名的旅游村落，哪知到了实地以后大为失望！村子里正在大兴土木，房屋挤挤攘攘，周围环境嘈杂不堪，失去了自然的韵味。

我们只好转场，去别处逛逛。

学生当中有个平谷本地人，说："老师，我知道一个地儿，不过有点远。""没关系，既然来了，索性去看看。"驾车沿着公路向北开了四五十分钟，穿过一大片桃林后，眼看着燕山离我越来越近。明明已快到山前，可车沿着路又忽然朝东一拐，进入一条小路。车行10多里，一座旌旗招展的山门赫然出现在眼前，上书六个大字"挂甲峪风景区"，两侧装饰着"昔日六郎挂甲，今朝众客休闲"的对联。

从山门长驱直入，远远看见东坡上错落有致的"乡村别墅"——整齐划一的黄墙红砖二层小楼。它们的"V"字形屋顶上铺设着大大的集光板，在太阳的照射下熠熠生辉，像一个个待检阅的士兵。

车子停在村委会楼前，迎面立着一块大大的宣传牌，述说着挂甲峪村的巨大变化："挂甲峪十变：产区变景区，劳动变运动，产品变礼品，内销变外销，农民变股东，分居变团居，落后变先进，贫穷变富裕，愚昧变文明，物质变精神。"

这一切要从20年前的新农村建设说起。过去的挂甲峪村是一个偏僻落后的小乡村，以林果生产为主，经济结构单一，销售困难，"羊肠路、荒山头，吃水贵如油；穷山沟、荒坡地，有女不嫁挂甲峪”。曾经的挂甲峪村流传着这样一句顺口溜。1997年伊始，一场集体经济产权制度改革在北京市平谷区挂甲峪村悄然涌动。挂甲峪村规划并实施了“山、水、林、田、路综合治理，顶、坡、沟立体开发”工程，实现了道路修上山、优质大桃栽上山、再生能源建上山、科技文化跟上山。村里村外安装了近千盏风能、太阳能照明灯，并大力发展旅游业，引领村民走上了集体致富的康庄大道。改革把这个昔日的偏远山村变成了花果满山、环境优美、生态环保、群众富裕的全国文明村。

经过多年建设，挂甲峪村发生了翻天覆地的变化，已经成为中国最具魅力休闲乡村和北京最美乡村。挂甲峪村的发展得到了中央和市、区、镇领导的支持与关怀，成为北京市山区建设示范样板村。村庄集北方特色果树鉴赏及果品采摘区、自然风景观赏区、休闲娱乐区及农家饮食文化区为一体，设有六郎景区等11处景点，是平谷区国际桃花音乐节十大田园之一。国际桃花音乐节期间，村庄里的桃花盛开，在桃花深处品茶会友，别有一番风情。

“亮起来，暖起来，科学发展循环起来”是挂甲峪村发展的口号。通过总体规划，其村容村貌有了显著变化。道路整齐划一，统一安装了太阳能路灯，家家户户都用上了太阳能热水器。别墅排排现小康，木屋座座引游客。

临近中午，我们在一家叫作“真情农家院”的院子外驻足，里面走出来一位姓马的大姐，热情招呼我们进去坐坐。马大姐先带我们参观她的家。房子的前院很大，进门是一个藤蔓缠绕的凉棚，灯笼高挂，左侧的一半被搭建成了玻璃房，里面摆了四五张桌子，和厨房及工具房连在一起。房子平时自己住，客人要留宿的时候就变成了农家院。院里上下房间有四五间，不算太大，但都很规整。马大姐介绍说，这些房子都是2000年

村中近景

新农村建设时村里统一规划修建的，有百余栋，面积大多在180—220平方米，根据家里人口来分配。参观完房子，马大姐让我们喝茶歇坐，自己去厨房忙活，一会儿工夫就端出荤素搭配的四样菜。

我们一边吃饭，一边和马大姐闲话家常。说起挂甲峪村名的由来，与家喻户晓的北宋大将杨延昭杨六郎有关。相传北宋时期，名将杨延昭奉命镇守北部边关，辽国萧太后亲自率兵南下，北宋皇帝命令杨延昭趁辽后方空虚打它个措手不及。在此行军路上，杨延昭率领大军从古北口一路打来，追击辽军路过此地。将士们饥饿疲惫，杨延昭见周围山势隐蔽，便下令小憩。众人卸下盔甲挂于树上，休息片刻后继续前行。后来人们便将这处山野称为“挂甲峪”，至今山上还存有六郎石、野炊灶、拴马桩和饮马槽等遗迹。

我和马大姐商议好实习学生的食宿安排，半个月以后我带着学生们进驻到村里，跟随马大姐体验了两三日的农人生活。

清晨，山间云烟氤氲，空气中带着丝丝凉意，我们跟着马大姐早早起床，沿着村间公路一路走下去，山脚下有一大片田地。马大姐介绍说，村里的田地大部分已经被改为蔬菜大棚，统一安装了土壤和环境监测系统，种地越来越轻松了。夏季温度高，庄稼长得快，农田里的活儿少，主要是松松土浇浇水，顺便下田摘点平常吃的蔬菜。我们跟着马大姐摘了一大筐豆角、黄瓜及西红柿，收获满满。

扛着菜回到家才刚八点，吃点清粥小菜，我们又跟着马大姐去赶集。农村逢双赶集，集市在大华山镇里，离村子还有几分钟车程。我们正疑惑怎么去，马大姐从后院开出一辆农用车，我们坐在车后排，一路非常拉风地来到了集市。农村集市比我想象中更热闹，十里八村的老乡们都聚拢来，地摊上多是一些日用百货，也有城里见不到的蔬菜种子和各种农具。我们采买了一些肉类和水果，满载而归。

午餐是一碗简单的炸酱面，大家都吃得美美的。山间的午昼格外的长，下午三、四点钟后，学生三三两两走街串户去做家访，我们一组留在马大姐家，在绿荫遮蔽的院子里随性地躺在躺椅上，抬头看天上的白云忽明忽暗，忽高忽低，在蓝天的映衬下越发显得缥缈而虚无，仿佛时间停止。

学生们是坐不住的，开始在院子里追逐着马大姐家的猫猫狗狗。马大姐笑吟吟地看着这帮年轻人，聊起她的两个儿子。大儿子在大华山镇工作，二儿子刚大学毕业，不安于平淡的乡村生活，去了北京闯荡。村里人还是习惯将市里称为北京，大约是因为几十年前这一片地方还属于河北，他们心中的北京就是熙熙攘攘的都市吧。现在这里只有她和老伴儿相依为命，平时老伴儿在村委会上班，她自己就在家干干农活儿。这个农家院只是打发打发时间，接待的多是周末自驾来的客人。

不知不觉太阳快要落山，顿觉凉爽。学生们聚集起来，沿着山间公路走到后山的最高处。落日下，挂甲峪村的美景尽收眼底。

挂甲峪，这个地处偏远山坳的小山村，用一种舒缓而平淡的节奏书写着生活的点点滴滴，喝过的清茶，吹过的缕缕微风，蓝天中行进的白云，夕阳下映射的余晖都久久地回荡在我的脑海里。

挂甲峪村迎宾大道

挂甲峪村规划勘查

挂甲峪村远景

03 穿越千年，古今凝望——上宅文化

纪录片《国宝会说话》第一集《最初的凝望》让人印象深刻，介绍的是西安半坡遗址。古今人类隔着星河遥遥对望，诉说心中的思念与疑惑。在北京，也有一处与半坡遗址大约同一时期的文化遗址——上宅遗址。那么，上宅遗址究竟在哪里？上宅文化在人类历史上有何作用呢？

说起北京地区的史前文明，知道周口店的人不少，知道上宅的人却不多。周口店遗址文化是北京地区旧石器时代文化的代表，而上宅遗址文化则是北京地区新石器时代中期文化的代表。著名历史地理学家侯仁之先生曾经说过："西有周口店，东有上宅，东西文化遥相辉映，珠联璧合，填补了北京史的空白。"1982年2月至1984年底，北京市进行文物普查，在平谷区（当时的平谷县）相继发现了北埝头、上宅两处新石器时代文化遗址。北埝头遗址位于大兴庄镇北埝头村泇河南岸的台地，上宅遗址位于韩庄乡上宅村北山坡台地，都距离美丽的金海湖不远，统称为"上宅文化"，其绝对年代距今7000～6000年。遗址出土文物遗存十分丰富，可分为生产工具、生活用具和装饰艺术品三大类。上宅遗址和北埝头遗址为燕山南麓新石器文化较早阶段的研究增添了新材料，使北京及附近地区新石器时代早中期文化面貌更加清晰，对于研究北京地区新石器时代早中期先民的生活习俗、社会关系及生产力发展水平具有重要意义。上宅文化虽远不及西安半坡文化有名，但也是历史长河中的一枚遗珠。想要了解北京的史前文明，特别是新石器时代文化，建议应该到上宅文化陈列馆看看。

一

镇馆三宝——陶塑猪首、石猴，鸟首形陶柱

上宅文化陈列馆是我国第一所以考古学文化命名的博物馆，建立于1989年，坐落在风景如画的金海湖畔。馆门和陈列馆都形似简易的马架子窝棚，是根据考古发现复原的半地穴式建筑形制而建，在周围的树木及群山掩映下，显得低矮而古朴，如若不是留意寻找，很容易错过。

走进陈列馆，仿佛贸然闯入原始人的生活：精心制琢的石斧、风格各异的陶器纹面、朴拙小巧的石猴、工艺精湛的鸟首、栩栩如生的陶塑猪首、器形巨大的深腹罐，都在述说着上宅的历史与文化，让人叹为观止，

上宅文化陈列馆

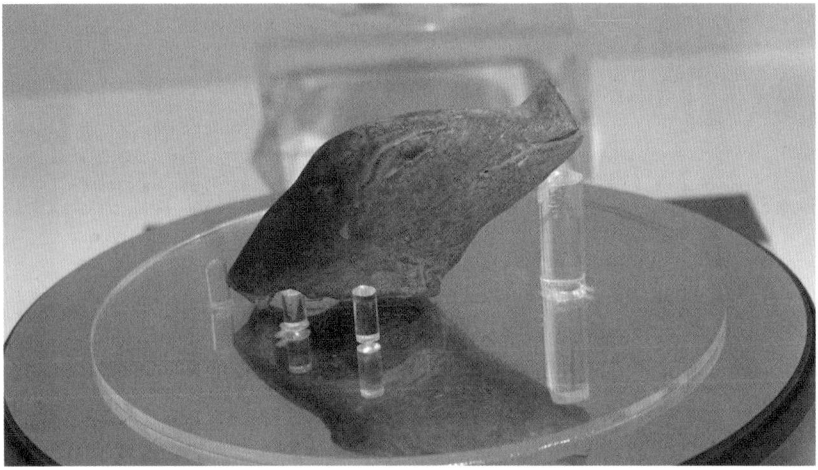

镇馆三宝之猪首陶器

镇馆三宝之石猴

镇馆三宝之鸟首陶柱

流连忘返。联想到不久前看的蒋勋先生的《写给大家的西方美术史》，突然发现上宅文化陈列馆中有很多展品可以与书中的西方艺术品媲美，也是一部不容错过的新石器时代东方美术史。其中，最引人注目的，当数猪首陶器、石猴、鸟首陶柱，堪称镇馆三宝。

在陈列馆中心位置的展台里，平放着一个大约成年人手掌大小的猪首陶器，和野猪有几分相像，造型瘦长，双耳后背，拱嘴前伸，两侧有一对獠牙，形象生动。以现代的工艺来看，猪首陶器或许并不起眼，但一想到这是6000多年前人类先民创造的文化产物，不禁暗暗称奇。仔细观察，其表面还留有手工塑造的痕迹，这是泥土、水和阳光的结合，更是人类智慧的结晶。在不远处，我很快又找到了石猴。在它的周围，还有不同造型的石质饰件，如小石鱼、小石羊、小石龟等。这一系列石质饰件都是根据平时生产生活中的动物形象雕刻而成，体形大约只有小拇指大小。石猴雕刻得尤为灵动，小小的头部，大大的眼睛，竖着的双耳，小小的耳朵和嘴巴，甚至还有眉毛，而头部以下则简化为蝉形。猪首陶器和石猴的出土将我国的雕塑史提前了1000多年，它们在整体上都呈现出古朴简约之美，可谓“各美其美，美美与共”，反映了当时先民的审美意识和对美好生活的向往。而鸟首陶柱则是以其神秘色彩而闻名，鸟首陶柱高四五十公分，圆顶，前凸出一鸟喙，两侧为双眼，下部逐渐变粗为椭圆形，顶部及以下部分饰以羽状交叉画线纹，《平谷史话》中提到，这是用于祭祀的器物。而将鸟作为一种图腾，让我联想到“燕山”“燕国”之称。史书上有商族发祥于燕山以南之说，所谓“天命玄鸟，降而为商”，这些是否与上宅先民有内在关联？《山海经·大荒东经》有云“汤谷上有扶木，一日方至，一日方出，皆载于乌”，金乌负日的神话是否也与之有联系呢？

二

上宅遗址寻古

上宅陈列馆距离上宅村不到一千米，我们看完陈列馆的展品，意犹未尽，索性到上宅村去走走。寻找上宅遗址，穿越数千年的光阴，倾听远古的声音。

上宅村位于胡靠路的路北，村子并不大，村东和村西各有一座仿古牌坊，相距不过几十米，村东头的牌坊上写着："上宅文化传千古，金海风光世无双。"村西头的牌坊上写着："山川环拱映古村，日月光华临上宅。"从村东头进去，右侧立着一块大大的石头，看样子像是从泃河里挖出来的，上面镌刻着红色的"上宅"二字，字体浑圆厚实。不知怎的，第一次听到"上宅"这个词，就觉得这村名起得超凡脱俗，实地一看，上宅之名真正是恰如其分。虽然上宅文化遗址远远早于堪舆学说，但上宅遗址正好位于燕山南麓的山前台地，泃河故道之北，山南水北之地，此乃上上选址之地，是巧合还是选择？抑或远古的群落布局影响并发展了堪舆学说，尚不得而知。此乃上宅的"上"字。而"宅"则主要体现在遗址中挖掘并复原了半地穴式马架子窝棚形制建筑。这种建筑虽然简陋，但已经具备居住的基本功能，也可以抵御远古时期严寒的气候。甚至在马架子窝棚里，发现了数个深腹罐，里面有燃烧后的灰烬，据说是远古人类保存火种的工具。可以想象，远古先人逐渐使用研磨的方法制造石器，开始制作陶器，定居生活固定化，产生原始农业并饲养家畜，从山中迁徙出来，选择平原地区定居，一个新的时代——新石器时代就此诞生。

沿着马路进入村子，迎面是一大片果园，仲夏时节果实累累。一条小

上宅文化考古遗址界桩

河穿村而过，水沟里长满了水草。村子里多是四合院，与一般的村落景象别无二致。继续往北走，地势渐渐变高，缓坡上的房屋渐渐消失，出现了一片台地。我看了看四周，在角落发现了一个石质界桩，上面标注“上宅遗址Ⅱ东”。这里就是上宅遗址Ⅱ期的东界了。据《北京考古史》记载，上宅遗址东西长约120米，南北宽约60米，以灰土带（冲沟）为中心重点发掘，发掘至东南向西北推进。此地应该是当初挖掘的起点。远远望去，如今的台地已远非当年挖掘时的规模。由于当时的保护力度不够，长年取土烧砖加上村民建房，遗址西南部已经被严重破坏，现在四周已围起来重点保护。我站在土坡下静静端详，台地高约百米，草木郁郁，十分寂寥。听闻上宅考古遗址公园正在规划之中，相信这颗历史长河中的遗珠定会重放光彩。我的脑海里突然闪现“文化层累”这样的字眼。眼前厚厚的土层，转化成上宅文化陈列馆里那一张大大的上宅遗址灰沟剖面图，我瞬间顿悟，其实土层之下，深藏着不同时期的文化遗迹。以上宅考古为例，可以划分为多达8个文化层，其中被称之为上宅文化层的，是其四至七层。上宅文化虽

上宅村传统民居

然早已逝去，而其遗迹和遗物穿越数千年的时光，无声地讲述着这段久远的文明。

走出上宅村，夕阳西下，太阳渐渐隐匿在远处的群山之间，天地一片金黄，炊烟四起。想象几千年前的这样一个傍晚，远古先民耕作归家，回到马架子窝棚里，女人们开始用石斧石磨等简单工具加工谷物，男人们忙着取出火种罐里的火种开始生火，孩子或许跟猴子在一起玩耍，牲口

上宅古村

棚里养着猪、鸡等家畜。时光荏苒，太阳起起落落，山间花开花谢，洵河静静流淌，人们依然日出而作，日落而息，延续着生命，传承着文化。

上宅文化重要文物——火种罐

04 历史丰碑将军关

平谷段的长城分布于燕山山脉，东起河北省兴隆县、天津市蓟县和北京市平谷区交界的金海湖镇红石门村大松木顶，沿区界向西北延伸至黄松峪镇、经南独乐河镇后，向北经山东庄镇、熊儿寨乡、镇罗营镇等6个乡镇19个自然村，至镇罗营镇北水峪村北山，出平谷区境，进入密云区、河北省兴隆县境内。平谷长城城墙高1至5米，宽1至3米不等。除了城墙，部分地段以险为障，以崖代墙。在沿途两山之间分别设有黄松峪关、南水峪关、彰作里关、将军关、北水峪关等5座关口，历史上由重兵把守。在关口附近，设有黑水湾寨、峨嵋山寨、东上营、峨嵋山营、熊儿峪营、镇罗营、渔子山寨、熊儿峪寨等8座营寨，用于补充兵力。平谷区很多村庄的名字都由此而来。另外，还设有普通敌楼65座、烟墩6座、敌台47座。

一

将军关长城

平谷现存很多明代古长城，将军关长城就属于其中一处季节性开放的长城。

初夏，我在金海湖边的教工休养院休养几日，免不了想四处走走，门口就有一路公交车平29路，往东的终点是将军关，从教工站到将军关站不过8站，11千米。一大早，我背上背包开始了说走就走的旅行。以前来北京郊区调研，每次都行色匆匆，很少有机会坐公交车。和我想象的很不一样，公交车已经升级换代成崭新的空调大巴，刚一上车，还感觉有点凉，车上坐了三分之一的乘客，大多是附近的村民。我挑了个后排的座位坐下，一路上看山看水，心里有些雀跃，仿佛回到幼时春游的时光。

车开得不疾不徐，虽然是双向车道，但来往车辆很少，司机师傅总是稳稳地停下车，慢慢地等着乘客上上下下，还叮嘱乘客小心台阶。乘客以老年人居多，挎着城里早已看不到的篮子筐子，看样子是去附近赶集。果然，过了靠山集，车里就只剩下几个人，到了终点站，就剩下我一个人。车子停在路边，公路还一直往北延伸，路牌上标明下一个最近的村落叫陡子峪。“到了啊，再走就奔河北了。”司机师傅提醒我下车。眼见道路两侧群山耸立，路西地势逼仄，路东隔着一条二三十米宽的大河有一片村落。这条河应该是将军石河，而村落就是将军关村，看地形倒是个水关的样子，只是长城在哪里呢？见我有些迟疑，司机师傅往右前方一指：“第一次来吧？去长城往北走，不远。”我仔细看了看，才发现东北方向的山坡上隐隐有一条灰色的细线，在茂盛的林荫之中，不仔细看的话还真看不见。来之前，我看过一本叫《长城踞北》的书，书中提到平谷段的长城已经基本看不到成型的墙体，就是一条坍塌成乱石头的山路。那么，这就是将军关长城了。

下车点距离将军关长城至少1千米，河上有南北两座桥，南桥直接通往将军关村，而北桥离长城更近一些。先有长城后有村，按照这个逻辑，我决定先往北走，爬了长城再到村子里转转。走上北桥，发现往北一段水面突然变宽，足足有百余米，形成一个小小的观景湖。河水顺着阶梯形的水坝往下慢慢流淌，在夏日里添了几分清凉。穿过石河，绕过一片长满草木的山坡，将军关长城赫然出现在眼前。

平谷段长城独具特色。明长城大多下以条石做基础，上为城砖垒砌的砖长城，而平谷段长城皆为石城，除了关隘、敌楼处用条石做基础，大城砖垒砌，其余皆就地取材，不加任何修饰，垒筑而成，给人以粗犷豪放的自然之美。这种建筑形态被一些古建学家称为“干碴边”。将军关长城的边墙多采用将军石河中的鹅卵石，而这在其他地区是很少见的。

将军关长城步道宽约2米，以石块堆砌，没有垛墙，几乎被周围树木遮蔽，从2002年开始遗址修复工作，现在看到的应该是以明长城墙基修葺的。沿着步道往上爬，走过了一段缓坡以后地势突然爬升，出现数百级石阶，狭窄陡峭，台面窄得几乎连一只脚都容不下，只能侧着身子往上爬，多处还要手脚并用而上。此时艳阳当空，热气蒸腾，城墙之上更是无处躲避酷热，攀爬十几分钟，我已累得气喘吁吁，抬头往上看，距离最近的山头似乎还远。正犹豫间，山上下来了一个老者，拄着拐，正缓缓下移。老人面带微笑，闲庭信步，我心里默默攒劲，上，继续！好不容易爬上山头，有一座实心敌台，大约作瞭望之用，再往上接着一段陡坡，并无台阶，又没其他可攀援之物，只能作罢。

我坐在高台旁边，风在耳畔呼啸而过，俯瞰将军关，景致一览无余。《四镇三关志》有云：“永乐年建正关水口，东西墩空，大段头山墩空，通众骑，极冲，迤西通步缓。”《畿辅通志》亦云：“将军关，在州西北七十里，有把总驻守。正关水口数十丈，前后俱宽，十马可并。”寥寥数语，城防图跃然纸上。如今将军关长城四周的风貌已经有了很大的变化，将军石河不再如当年那般壮阔湍急，水关的整体军事防御体系已不复存在，只留下东侧一段城垣旧址，但古人览胜山川地势，将天工与人力合为一体，缔造坚固防线的智慧与勇气仍让人拍案叫绝。

将军关因将军石而得名，将军石位于将军关城垣遗址右侧，如同将军一般挺拔的身躯，紧紧守护将军关。《蓟县志》记载：“将军石在将军关村北之阳，石高三丈六尺，兀然矗立，形基壮伟，上刻‘将军石’三大字，为明成化参将王杞书，关遂亦以此石之名名之。”

将军关长城

关于将军石有一个壮烈的故事。明初敌军来犯，驻守的都司将军虽年事已高，仍从容不迫应战。老将军登石布阵，指挥将士迎敌，战事从早打到晚，终于抵御住敌军进犯，而老将军因劳累过度吐血而亡，血染巨石。50多年后，参将王杞来此关巡视，被老将军的英勇气节感动，即书“将军关”三字，镌刻于一块汉白玉石上，镶嵌于巨石中，供后人敬仰。仰望将军石，巨石在蓝天白云的映衬下显得更加高大巍峨，几经朝代更迭，屹立不倒，石匾上的字迹已经褪色，但浩然正气永存。

将军石——时代缩影，历史丰碑

将军石北侧现存的敌台，其实是将军关关城的一部分。历史上将军关城墙周长约百米，上有城楼三座。敌台根据遗址原样修复了部分台基及墙体，城楼的墩台、垛口、墙体等均呈梯形结构，上小下大，收分明显，这是从长城稳定性和坚固性的角度考虑的。将军关敌台的独特之处在于，敌台券门左右的墙体砌有10个“U”形凹槽，用异形砖拼砌，上深下浅，过渡光滑，而且这个凹槽面向关内的一面，其用途说法不一。穿过券门可以拾级而上，在2002年开展的长城遗址修缮施工中，曾清理出石雷、铁炮、炮弹、铁镐、铁箭头以及分修边墙城志等重要文物。敌台南面是一个四四方方的演武场，遥想当年，老将军站在巨石上振臂一呼，将士们众志成城，山呼海啸，威震山谷，何等气魄！老将军姓甚名谁，历史上没有详细的记

将军关敌台

载，但将军关属于蓟镇管辖，蓟镇总兵是大名鼎鼎的戚继光。戚家军治军严明，被委以保卫京师之重任。将军关虽小，却是京东重要的关口。

历史不仅是名人写就的，也是由芸芸众生书写的，万里长城，不仅有威名远扬的四镇三关，也有无数不闻于世的关寨。将军石是金戈铁马时代的缩影，更是英雄的丰碑。

将军石关

二

将军关村

将军关村是因当年屯兵而渐渐形成的村寨，距今已有600多年的历史。漫步在古村间，一条大道在中央延伸，两侧排列着低矮的房屋，北边的尽头就是将军关城楼，依稀可见当年“丁”字形的村落格局，可以看出是从军事防御进退的角度来设计的，有几处残留的院墙和长城边墙营造同出一辙，均是用将军石河河底的鹅卵石垒砌而成。村头的院落大门敞开着，几

长城城墙遗址

个老太太围坐在一起整理着刚采摘下来的花椒，旁边摆着其他几样山货。我凑上去跟其中一位闲话家常。老太太祖上从河北逃难过来，在将军关村生活了一辈子。将军关村平地少，古村里真正的老房子也不多了，大多是20世纪七八十年代修的红砖平房，住着故土难离的老一辈，靠贩卖山上的核桃、板栗和柿子谋生，闲时再捡点山货，而年轻人大多搬到了将军关新村，开展民俗旅游接待业务。这几年随着将军关长城修缮工程的开展，将军关村的名气越来越响，来此旅游的客人也越来越多。老太太说她大儿子在新村的村头开了家超市，二儿子在新村的中心开了家餐馆，两家的日子都过得红红火火。

将军关古村

从将军关古村往南走大约3000米，在将军关石河的西侧，整整齐齐排列着几十栋二层小楼，就是将军关新村，村民们大多将自家的房屋改造成农家乐，专门接待来将军关旅游的客人。爬一爬将军关长城，品尝当地的特色小吃将军关灌肠、烙盒子，已经成为休闲旅游的标配。将军石河静静流淌，青山依旧耸立，几百年不曾改变，只是昔日边塞的狼烟早已散去，留下蓝天白云之下的一片静谧。

将军关新村

将军关新村一景

05 藏在乡野的民间艺术——善诚老会

一

花会的历史

民间花会是一项源远流长的传统民俗活动。早自汉代即有之，彼时称作“百戏”，宋、元时称“社火”，其活动内容多为高跷、旱船、秧歌、舞狮等。南宋范成大对它的评论是：“不可悉记，大抵以滑稽取笑。”北京的花会几乎包括当地所有的民间表演艺术，这一节日风俗及民间歌舞杂戏，是中国人民出色的精神创造，是人民在劳动、信仰、爱情诸方面生活内容的反映，其中蕴含着他们的精神、意志和对美的追求。《旧都文物略》载：“年开一市者，多在花会。如秧歌、少林、五虎、开路、太狮、少狮、高跷、杠子、小车、中幡等是。”

有清一代，由于统治阶级及百姓皆迷信神佛，从而使民间诸般花会披上了一层浓厚的宗教色彩。尤其进入清晚期后，由于慈禧太后的赏识与推崇，京城内外的民间花会组织不断扩大，种类逐年增加，技艺日臻高超，影响日趋深远。迄今有些会种依然活跃在北京乃至全国诸多城镇乡村。

二

善诚老会的复兴

后北宫善诚老会，是一个活跃在平谷区的民间花会团体，在当地的十里八乡小有名气。善诚老会的历史，得从300多年前说起，在清中期，大华山地区来了一家姓景的亲哥俩，兄长名叫景善缘，弟弟名叫景善诚，为兄者落户大华山村，为弟者落户后北宫村。兄弟俩精通高跷、吵子、十不闲的唱词和乐谱，景善缘组建了大华山灯花善缘花会，其弟景善诚组建了后北宫善诚花会。自大华山灯花善缘花会和后北宫善诚花会组建以后，通过数十年的传承日渐成熟和完善，在他们的影响和帮助下，刘家河、独乐河、关上、上镇等数十个村庄相继组建了花会，以尊师重源为出发点，人们习惯性地将这两支发源于大华山的花会称为老会。

后北宫善诚老会在清末民初盛极一时，曾多次出现在当地史书的记载中，然而，由于诸多方面的原因，中华人民共和国成立以后逐渐归于沉寂，直到2006年得以恢复。因为世代相传，口传心授，特别重视门户的传承，后北宫善诚老会入选了平谷区非物质文化遗产名录。

三

走会

花会主要通过走会进行表演。因其穿街过巷，边走边练，故曰“走”或“过”。一场花会由两部分人组成，一部分是演员，另一部分是会务人员。他们各司其职，默契配合，保证花会有序进行。出发时，照例是让皇帝御览过的皇会手执黄旗走在前面。每一档子会都有一个“把儿头”，手持“拨旗”前引。后北宫善诚老会共分十一档，分别是旗队、大筛、开路、狮子、五场、大吹、高跷、旱船、十不闲、吵子、坐纛旗等，近年又新增了大鼓。各档子会按照传统规矩排顺序，叫作排档。每一档的曲目根据情况可长可短，整套走会下来，少则一两小时，多则三五小时，内容丰富，秩序井然，精彩纷呈。走会主要有三项功能，一为节日庆典活动，二为祈福，三为求雨。凡重大节日走会，又以元宵走会最为热闹。近年来，由于生活节奏的加快，春假缩短，为了适应新的需要，春节走会的时间提前到初三到初五。

百闻不如一见，乙亥猪年的大年初三，我终于有幸一睹后北宫善诚老会的走会盛况。早上9点不到，这个距离市区80千米开外的村子，已经开始喧闹起来，村头的大广场上，乌泱泱站满了会员，少说也有百十来人，个个身着戏服，浓妆艳抹，兴致高昂。观众们也开始渐渐聚集，不一会儿，街道两边已经围成了密密麻麻的人墙。我也找了个前排的位置，静静等待好戏开场。

队伍最前面的是旗队，仿佛军队列队出征一般，左右两列战旗猎猎生风，中央一位老者（总把头）穿着黑色大褂，擎着一面三角形的大旗，旗面中心绘着一只神采奕奕的青龙，青龙正上方有一白底黑字“纛”，旗面左侧从上往下几个大字“善诚老会”，相传这是清道光皇帝御赐的总纛旗，也就是会旗。旗队顺着主街缓缓开始移动，旗队一出，走会正式开场，各路人马粉墨登场。

大筛紧随着总纛旗，听从号令。通常是四面大筛鸣锣开道，就像是古代的朝廷命官上街，由旗队簇拥着开道，负责起势。大筛之后，几个人一边快步走着一边耍着刀叉剑戟，这就是开路，然后狮子、五场、大吹等也轮番登场，现场气氛越来越高涨。

此时，整场走会中的重头戏——高跷终于出场了。高跷，当地人称秧歌，由12人至16人组成，分别为和尚、卖豆儿、公子、老座子、渔夫、樵夫各一人，渔婆、打锣的、打鼓的各二人，还可以增添傻丫头、傻小子等角色。角色分为文跷和武跷，和尚、卖豆儿和公子这3个角色为武跷，其他角色为文跷。武跷有劈叉、拦跷、背剑、抱月等程式。有两种表演方式，一种是队列表演，一种是唱腔表演。队列表演有走圆场和走式子，走式子要通过20多套队列变化来完成表演。武跷换着花样表演，动作看似随意洒脱，实则惊险连连，引得众人啧啧称赞。唱腔表演有对唱、合唱和领唱等多种形式，主要曲目有《渔樵耕读》《大对答》《小对答》《大庆寿》《锔大缸》《拾棉花》等20多个。让人印象最深的曲目是《渔樵耕读》，由渔夫和樵夫对唱，唱腔优美，以现代人的眼光看来也是别有韵味。唱词优美简洁，对仗工整，俨然是一幅悠闲自得的田园生活景象。

呼嘿，我是渔翁，
我是樵，
咱二人论一论生涯买卖哪个高？
我只用一钩一饵一杆一线一领蓑衣一头笠，
我只用一绳一担一叉一斧一顶草帽一块瓢，
俺也曾贪看江景出门早，
我也曾爱观山石回家更鼓敲，
俺也曾钓来金鳞河水煮，
我也曾砍来青柴带叶烧，
俺也曾碧水潭中观龙斗，
我也曾青山岭上看虎吵，
俺也曾明月芦花小船稳稳移到浅水岸，

我也曾清风明月柴门低低靠入老松梢，
俺也曾吃罢美酒在船头坐，
我也曾饮罢琼浆睡卧草茅，
咱二人一年四季无忧无虑无拘束，
你想哪胜似一品在前朝！

十不闲，也称“十赋闲”，是后北宫善诚老会中比较特色的档子会，起源于河北涿州，其看点在其独特的演奏乐器，由10个人组成，一个老毛子、一个大婆子、一个丑小子、一个丑婆子、一个公子、一个大妞、两个贴锣、两个霸王鞭，打场时的表演先扭后唱，主要曲目有《张继山卖线》《偷吃饽饽》《高高山上一只牛》等。传统的花会信奉孔子的忠、孝、节、烈、仁、义、礼、智、信，花会中许多词曲有明显的礼教作用。

近些年来，后北宫善诚老会结合新时代的发展也在推陈出新，在十不闲传统唱词的基础上增加了诸如《东方红》《走进新时代》等歌曲，以吸引更多群众的关注。后北宫善诚老会是一支保留着古老传统，有着较高知名度和丰富文化底蕴的花会队伍，花会表演与民众生活密切相关，对于凝聚村民情感、活跃民众文化生活、构建和谐社会具有积极的现实意义。农村过大年，日子好过了，村民们脸上展开舒心的笑容，通过唱词的创新，将喜闻乐见的新生事物融入传统艺术中，吸引更多的年轻人参与，实现文化传承。

十不闲中的大婆子和老毛子（于春花摄）

开场鼓（于春花摄）

踩高跷（一）（于春花摄）

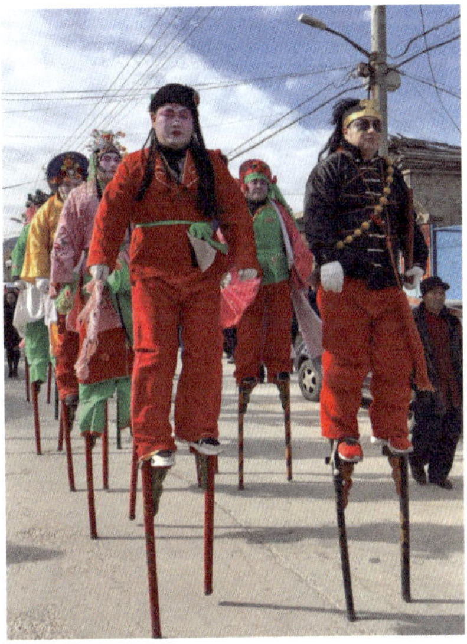

踩高跷（二）（于春花摄）

公子（于春花摄）

与民同乐（于春花摄）

老会表演人物合影

06 丫髻山下行宫村

一

近畿福地丫髻山

俗话说“山不在高，有仙则名”。当我第一次站在丫髻山的山脚下，不禁发出这样的感慨。丫髻山的海拔只有361米，但仰望眼前这层层叠叠、树木掩映之下庙堂林立的山峰时，仿佛有一个强烈的气场，吸引着我去追寻，不免暗自称奇。

丫髻山就是这样一座既有秀美身姿，又有悠久历史的名山。北京有句谚语：“东丫髻，西妙峰，碧霞元君保太平。”丫髻山与妙峰山遥相呼应，都是远近闻名的道家圣地。清康熙至嘉庆年间，丫髻山是由京师东去承德的必经之路，一时香火旺盛。不过清朝国势渐微，至慈禧年间，丫髻山渐渐被朝廷冷落，所以，后人多知道妙峰山，而不知丫髻山了。

来丫髻山旅游，可以感受到自然赋予的灵气，历史赋予的神气，文化赋予的福气。一曰：圆顶双峰，望之如髻；二曰：寻仙问道，皇家风范；三曰：文化胜地，历史传承。此可谓丫髻山“三绝”。

丫髻山的秀美来自大自然赋予的灵气。古书有云：“人法地，地法天，天法道，道法自然。”郭熙在《林泉高致》一书中提出了“三远”观赏法则：“自山下而仰山巅，谓之高远；自山前而窥山后，谓之深远；自近山而望远山，谓之平远。”古人曾曰：（丫髻山）“山势回环，峰峦起伏，松柏茂密，苍翠葱郁……山后为绝壁深谷，山脚村落拥抱，泃水绕村南流，庙宇亭阁坐落山间，丛林掩映，庄严肃穆。”

丫髻山虽历经沧桑，但大致的自然环境不曾改变，人们利用自然山体的前后视差进行巧妙设计，可谓匠心独具。丫髻山的山脚下，有一条长长的甬道。站在甬道上，远远望过去，只能看见山腰。甬道的尽头，有一个汉白玉的拱桥，站在桥中央，丫髻山的山顶隐约可见。走下拱桥，是一个开阔的广场，名曰太极广场，地面有巨型的太极八卦图。广场的北面挺立着高大的山门，上书“丫髻胜境”四个大字。从山门往上望，只能看见一级级陡峭的台阶，山顶又一次消失不见，经过365级台阶的攀爬，才能一睹丫髻山的真容。待站在山顶四顾，群山环绕，顿觉舒展，真可谓一方宝地。

丫髻山传道的历史，可追溯到元朝，兴于元，盛于明清。清康熙五十四年（1715年），康熙皇帝所撰《丫髻山玉皇阁碑记》写道“距京师百里有山，曰丫髻，隶怀柔县。两峰高矗，望之如髻，故得是名。自元、明以来，号为近畿福地”，是为佐证。因此，元时应该有殿堂类的建筑，至明嘉靖年间，又曰“旧有碧霞元君庙三间”，清康熙六十年（1721年）《怀柔县志》所载“明嘉靖中，有王姓老媪发愿修建，以山高风烈，瓦易飘失，募化铁瓦，独身运至山上，往来迅速，人异之，施者渐众，殿以告成”，这就是后来传说中的河北香河王二奶奶，所建殿俗称铁瓦殿。庙宇的复建，使得丫髻山香火愈来愈旺盛，逐渐受到皇家重视。另据1959年平谷区第一次文物普查登记表及丫髻山碑文记载，大庙建于元朝，原有草殿一间，铁瓦庙三间，回香亭一座，由康熙三十三年（1694年）扩建，至康熙三十七年（1698年）竣工，山上山下有佛殿100余间，平常房200间。至此，丫髻山主要建筑均在康熙年间建成，形成丫髻山庙宇的宏大格局，从而受到皇家青睐。

而后据记载，康熙皇帝曾两次驾临丫髻山，题有多副楹联及匾额，为建东顶玉皇阁竖立御碑，并在丫髻山设有康熙皇帝60大寿万寿道场，乾隆皇帝曾三次驾临丫髻山，欣然题匾赋诗，而后嘉庆皇帝、道光皇帝也曾多次驾临，极大推动了丫髻山道教的发展，提升了丫髻山的社会影响和地位。

丫髻山的数十座大小庙宇主要被毁于20世纪四五十年代。近年来，随着历史文化遗产保护工作的开展，丫髻山焕发了新的活力。2004年，丫髻山文物保护修缮修复工程被列入北京市“人文奥运”文物保护计划，经过近10年的时间，此项工作已基本完成。丫髻山修复了主要的建筑，如碧霞元君祠、山门、玉皇阁等，重现了以前的辉煌。

如今，当我登临丫髻山，特意游览了位于东顶碧霞元君祠后面的斗姥宫，这里供奉着王二奶奶的塑像。这位普通人乐善好施，会接生看病，为三里五村的乡亲驱病除灾，其普济之功值得世人铭记。

二

行宫村的来历

“因山建宫，因宫立村”，说起丫髻山山脚下的行宫村，也是因为丫髻山香火的兴盛而形成。而行宫村村名的由来，是因清乾隆、嘉庆、道光3位皇帝参拜丫髻山都曾在此住过，建过行宫。

提起行宫，村里的老人都滔滔不绝。这里离丫髻山很近，往北2千米就到。当年的行宫前建有左仓右库两个湖，由河水连接。河上有一座木桥，由长条石固定木板作为护桥石，一共四块，过了护桥石就是皇帝行宫。当问及行宫建于何时，众人均脱口而出“乾隆三年”，即1738年，这当是村里人一辈辈口口相传了。乾隆皇帝登基时，清王朝正值兴盛，乾隆皇帝喜欢丫髻山，建造行宫，这也是当时皇帝驻跸的需要。人们都说，这里是先

讲解行宫村的由来

有树，而后有行宫。这地方过去是寅洞村的胡家墓地，有很多生长了多年的松柏树。皇家看中了这块宝地，盖行宫时，特意将古树都保留下来。其中有一棵古柏，后来被人砍倒，足足锯了20口寿材板，可见何等粗大。而行宫的规模，从故宫现存的《丫髻山陈设铺垫一应等项清册》中，可以大致看出，行宫建筑有大宫门三间，垂花门一座，大殿五间，东西净房，三卷房九间，后照房七间，六角亭子一座，等等，不一而足。大大小小登记在册的建筑有百余间，占地20多亩。而从清工部样式房绘丫髻山行宫草图来看，建筑布局为东西略窄、南北略宽，平面呈长方形，四周有围墙，中间建筑为中轴线，分为东、中、西三路，可见规模不小。其中，大殿等主要建筑及陈设的紫檀木家具，为皇上居住和使用，而四角的值房，当为警卫、瞭望之用。相传当年行宫的门额上还留有乾隆皇帝御笔“行宫”

二字。只可惜至清晚期，国势颓废，朝廷对丫髻山行宫疏于管理，至1923年，丫髻山行宫遭到拆毁。如今的行宫村，行宫已荡然无存，村里还残存一些砖瓦构件，而行宫前的两口古井，还保存完好。其中西井的井口足足有30多道沟痕，仿佛在默默述说历史的苍凉。行宫设内营外营，内营兵丁看守行宫里面，外营兵丁看守行宫外边，旧有兵房五六处，住着15个兵丁，亦有“里七外八”之说。这15个兵丁，后来成为15户人家，而这15户人家，就渐渐演变成了今天的行宫村。

行宫复原图

三

在新时代下的文化传承

如今的行宫村已由最早的15户人家发展为105户人家，因皇帝驻跸而得名，成为远近闻名的民俗旅游村。行宫村在多年的发展中，逐渐走出了一条具有自身特色的发展之路。

一是立足大桃产业，大力打造观光旅游。行宫村所在的刘家店镇是著名的产桃基地，每年四月，桃花盛开，吸引大量的游客前来观光，开展平谷桃花节丫髻山系列休闲活动，包括“情定桃林”“墨散京郊”等活动。在“爱满京津冀·情定桃花缘”大型公益相亲现场，游客们身着古装，漫步在桃林中；民乐阵阵，茶艺师用精湛的茶艺为游客奉上香气四溢的桃花茶；丫髻文坊，展示着众多以桃花为主题元素的文创产品；桃林丛中，来自刘家店地区的100多位书法爱好者挥毫创作；另外还会开展桃林徒步越野挑战赛。

二是主打传统工艺，该村不仅有悠久的皇家历史文化，还有近600年的制作灯笼历史。2009年，该村本着发展传统工艺技术，弘扬皇家历史文化宗旨，成立了行宫御制灯笼坊，主要以生产制作喜庆灯笼为主，同时生产制作各种宫廷灯笼、塑纸灯笼、日韩灯笼以及礼品灯笼等五大系列的不同

丫髻山道教文化展

材质、不同规格的几十种产品，远销海内外。每年四月，在丫髻山祈福活动中都能看到各式各样的大红灯笼，为丫髻山庙会增光添彩。

三是进一步挖掘行宫村历史文化资源和乡风文明建设成果。2019年末，行宫村乡情村史陈列室正式开展，对于村民来说，有了留住乡愁的地方，对于游客来讲，也多了一个了解行宫村的窗口。陈列室整体建筑为清代风格，以行宫村历史沿革为主轴，突出行宫村历史地位、提炼乡情文化内涵、展示出美丽乡村行宫村的当代风貌。陈列室中文字记述行宫村各时期、各方的发展脉络重要节点，图片和实物对文字记述的内容进行必要补充，模型和沙盘对历史场景进行微型复原。陈列室总建筑面积160平方米，分为五大主题展区，其中，第一展区就对行宫村“因山建宫，因宫立村”的历史进行了详细阐述。该展区以乾隆皇帝御笔“行宫”门额为起点，展

行宫大门

现道教圣地丫髻山、古行宫和行宫村发展传承历史。第二、第三展区重点介绍行宫村的农耕文明和人文点滴。第四、第五展区重点介绍新时代行宫村的发展和规划前景。

乡情村史陈列室内景

旧时家居

旧时农具模型

村史回顾

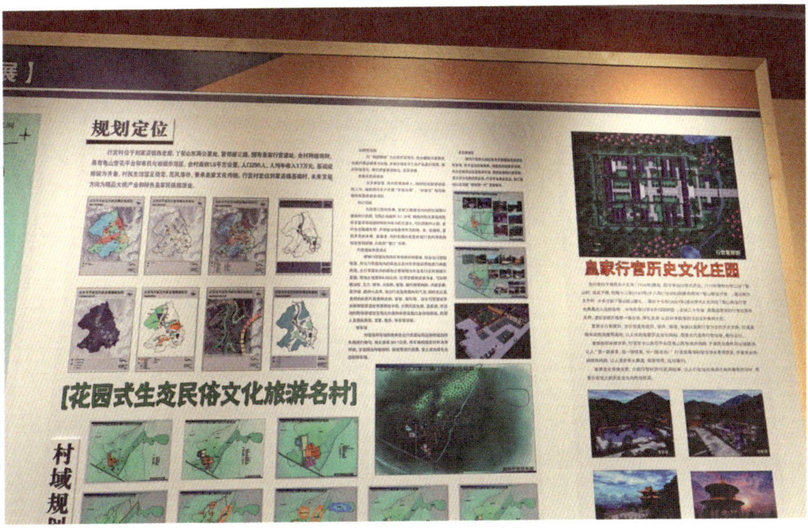

规划前景

乡情村史陈列室调研合影

行宫村桃园

行宫村村委会

村委会座谈

丫髻山碧霞元君祠

丫髻山玉皇阁

07 美食荟萃太后村

北京市平谷区王辛庄镇的太后村，是一个离平谷城区只有5千米的小村子，坐落在四面环山的山窝窝里。近几年开展民俗旅游，主打杂粮煎饼以及烧鸽子等特色美食，以“太后美食季”闻名于十里八乡。

烧鸽子

一

萧太后，是历史上鼎鼎大名的巾帼英雄

太后村，旧称萧家院，据传辽代成村，因最早萧姓居于此，且四周群山环抱，形如宅院，故名。民国时因山中有兴隆寺，改称兴隆庄，日军侵

华时期化名太后村，沿用至今。当地世代流传着萧太后生于萧家院龙潭泉边的故事。《平谷县志》对萧家院的环境及萧太后身世传说有记载：“邑西北二十里，山势高耸，四周环抱如城郭，唯东南山口近大道。山中地势平坦，东西宽一里许，南北半里许，相传旧有尼庵。西山脚下有龙潭，水势渊深。有幼尼出行汲水，忽内急而溺于潭侧，潭中龙因有人道之感，孕而生女，弃之山陬。”

萧太后，本名萧绰，小名燕燕，父亲是大辽北院枢密使兼北府宰相萧思温。萧家祖辈为契丹人，后仰慕汉丞相萧何威名而改汉姓萧氏。萧太后是辽国中期女政治家、军事家，足智多谋，文武全才。萧太后自幼聪慧美丽，16岁就被辽景宗耶律贤选为贵妃，第二年就被封为皇后。萧太后陪伴了辽景宗14年，为其生了四子三女。由于辽景宗体弱多病，朝政大权实际由萧太后掌握，但是萧太后从没有僭越之心。辽统和二十二年（1004年），辽国兵锋正盛，萧太后挥师千里，直驱澶州。尽管后来受挫，但宋真宗急于求和，两国签订澶渊之盟，萧太后撤军。在此后的100多年里，宋向辽每年进贡白银10万两、帛20万匹。萧太后在摄政期间，选用汉人，开科取士，消除番汉不平等待遇，劝农桑，薄赋税，内政修明，军备严整，纲纪确立，对外军事强盛，对内政局稳固，使辽朝迈入鼎盛时期。

二

美食名片太后煎饼

惊蛰，一候桃始华，气温回暖，山里的桃花纷纷绽放；二候仓庚鸣，春风中绿树抽条，黄鹂站在树梢上鸣叫；三候鹰化为鸠，瞪目忍饥，如痴而化。唐代韦应物的诗《观田家》里写道："微雨众卉新，一雷惊蛰始，田家几日闲，耕种从此起。"惊蛰天暖地气开，春雷初鸣，一切都在告诉人们，春天来了。

惊蛰已过，春回大地，春寒料峭，平谷山里的桃花正含苞欲放，城里的人们早已按捺不住，纷纷走出家门来郊区踏青。周末的中午，正值饭点，王辛庄镇太后村已经是一派繁忙景象，农家院里停满了大大小小的私家车，连道上都挤满了车，一拨接一拨的游客来品尝该村的特色美食——太后煎饼。其中，生意最火的一家，当数太后村萧家院8号"二平大煎饼"。二平是这家农家院的经理，名唤刘二平，在家排行老二，待人热情实在，大家都叫她二姐，所以她家也被称为"二姐煎饼"。早些年，人们开车到了村口，都习惯问一句："二姐煎饼怎么走？"如今，二姐煎饼开了10多年，依然红火。

说起来，二姐煎饼是太后村农家院的头一份。十几年前，二姐成了下岗职工，一筹莫展之际，想到了家里祖传的手艺——摊煎饼，于是抱着试一试的心态，在自家院子里开起了农家乐。没想到，小买卖越做越大，不仅自己家的农家院生意火了，还带动了全村，家家户户开始做煎饼宴，愣是把煎饼这个平常的吃食，做成了远近闻名的美食名片，每天都卖出1000多张，还上了北京电视台的《四海漫游》等节目。

二姐家的煎饼，吃过的人都赞不绝口。入嘴就化，越嚼越香，老少咸宜，老年人尤其爱吃，总结起来就6个字：薄、酥、脆、香、甜、韧。二姐家后厨最为显眼的是两口又大又圆的鏊子。鏊子是一种从远古相传至今的制作煎饼的工具，时至今日，北方不少地区都有"家家支鏊子，户户摊煎饼"的传统习俗。两位经验丰富的大姐不停地用刮板在鏊子上翻飞，把面

太后村民宿

糊从中间推到四周，力道均匀，手速极快，从容而淡定，一分钟能摊好两三张。煎饼的直径足足有六七十厘米，薄如蝉翼，吹弹可破，摊好后一般折成四分之一大小，方便拿在手里，刚出锅的煎饼，吃在嘴里咯吱咯吱作响，酥脆香甜，待放凉，又有嚼劲，韧劲十足。

二姐家的煎饼为什么这么好吃？早年间北京电视台做过美食专访，为我们揭开了这个秘密。

一是用料好。主料选用传统的小米和黄豆，经过精心的配比，研磨细腻调制成糊，粗粮细作，用料纯粹而质朴。辅料随季节变化，常换常新。

占据c位的大煎饼

二姐每天早上都去赶集，挑选附近农家栽种的蔬菜瓜果，保证菜品的新鲜。鲜嫩的花椒芽、簇新的香椿芽、顶花带刺的黄瓜、绿的大把香葱，都甘当配角，丰富了煎饼的层次与口感。

二是水好。和面用的水，来自于龙潭。龙潭是村子后山楼子山东麓龙泉沟的一汪泉水，早年自溢成溪，是全村百姓的饮用水来源。泉水的香甜与小米黄豆面的清香相得宜彰。

三是火候好。二姐介绍说，这两口鏊子是老锅，是当年二姐家婆婆的嫁妆，用了好几十年，锅底厚，火力足，受热均匀，摊煎饼不容易煳，采用传统的柴火烧锅，讲究慢火煨烤，做出的煎饼自带果木香。

四是花样多。煎饼可单吃，也可卷一切。二姐家的煎饼渐渐发展成拥有十几道菜品的煎饼宴，除了大煎饼这个当仁不让的主角，还有鸡蛋丸子、粉蒸肉、清炖柴鸡、侉炖鱼、豆腐、自制粉肠、拌野菜……充满乡土味。其中豆腐尤其好吃，只需蘸点简单的小料就很美味。

太后煎饼到底跟萧太后有没有关系呢？应该说这只是一个美丽的传说，因为太后煎饼自打二姐家算起，也只有10多年的历史。但是，朴实善良的二姐，为我们展示了当代农村女性自强不息的形象，颇有当年萧太后的影子。有人说太后煎饼吃起来和传统的山东煎饼不太一样，口感更柔和，香味更绵长，更能体现女性的柔美。也许，这就是太后煎饼的精髓所在。

煎饼制作展示

刘二平大姐和她做的大煎饼

三

“美丽太后，美味农家”太后民俗美食季暨辽金文化展

每年4月下旬桃花绽放的时节，王辛庄镇都会在太后村举办“美丽太后，美味农家”民俗美食季活动，这个活动从2016年起已经连续举办了三届。自2018年起，王辛庄镇深挖历史文化资源，将活动更名为“美丽太后，美味农家”太后民俗美食季暨辽金文化展，旨在使公众在享用美食的同时，感受平谷区深厚的历史文化底蕴。

近两年，由于疫情等原因的影响美食季未能如期举行，但仍然可以通过网络媒体一睹当年活动的热闹场景，那真是锣鼓喧天，鞭炮齐鸣，红旗招展，人山人海。活动吸引了北京电视台新闻频道、北京时间、腾讯、搜狐等多家媒体直播报道。其中北京电视台新闻频道针对活动中的饼王比拼盛况、美食制作过程、特色美食展示等方面进行了全方位的直播报道，直播时间从上午11点到12点，充分展现出平谷区农家特色美食及丰富多彩的民俗旅游文化。

美食季以“粗粮细作”为主题，分为美食争霸赛、农耕文化体验、辽金文化展示等。美食争霸赛现场，10多家农家院代表队的擂台一字排开，桌上摆满了各种当地食材，大厨们摩拳擦掌，大展厨艺，用心烹制一道道地道纯天然的平谷美食。金灿灿的大煎饼，营养味浓的千层饼，又脆又香的豆腐丸子等，让人唇齿留香，回味无穷。

美食季期间同时举办辽金文化展，通过大量的图文宣传，使公众了解到太后村不仅有关于萧太后的美丽传说，以及萧太后出生地、发箭台、箭口山等20多处古迹，还有北京地区仅有的一块保存完整的八思巴文石碑。

八思巴文石碑（左）

这些都见证了北京地区由若干民族政权分裂割据逐步走向统一的历史。在品尝美食、观看辽金文化展之余，还可以去后山的大兴隆寺一睹八思巴文石碑真迹的风采，别有一番雅致。

美食季不仅能品尝到富有特色的杂粮美食，也能体验到“绿色、健康、环保、原生态”的生活方式。游客们可尽情尽兴地登山、徒步、赏花，呼吸纯净好空气，感受乡村慢生活。美食季意在以太后民俗旅游为龙头，着力打造北部浅山地区文化旅游带和乡村文化体验区。

复建的大兴隆寺

萧太后发箭台远眺

08 海子村『鱼』味生活

在这世间，唯有爱与美食不可辜负。而在平谷既有赏不尽的五彩斑斓，也有吃不厌的农家美味。有独特的玻璃宴、唇齿留香的将军关灌肠，还有集营养、健康于一身的挂甲峪小锅饽饽。当然，最令人回味无穷的还是海子侉炖鱼了。海子村位于平谷区金海湖镇，紧依市级风景名胜区——金海湖景区。这里风景秀丽，溪水潺潺。海子村在一片白杨林的掩映之下，是一条延伸到金海湖大坝上的“小街”。正是这溪水环抱，随处可见的高大白杨，才形成了风景秀丽的自然美景。金海湖曾成功地举办了第十一届亚运会水上项目，绵延百城的青山绿水，热情好客、淳厚质朴的民风，会让每一位造访者流连忘返。“最爱湖东行不足，绿杨阴里白沙堤”，黄昏下的海子村炊烟袅袅，村子里鸟鸣鸡叫，高大白杨树，傍湖的小山村别有一番风味。这里的农家饭有贴饼子、小米粥、拌山珍野菜、烤红薯、玉米等数十种，最吸引人的是闻名京城的侉炖鱼。海子侉炖鱼采用纯正的金海湖野生活鱼，地道柴锅慢火独特做法，骨酥肉嫩、不腥不腻，堪称平谷一绝。

海子村利用临近金海湖的现有资源发展民俗旅游接待，其餐饮特色主要以金海湖景区内的新鲜鱼类为主，推出了海子侉炖鱼、红烧大花鲢等菜。海子村里经营侉炖鱼的家庭饭馆不少，规模有大有小，村里的路边可以看到一排排的“炮筒”坐落在不同招牌的饭馆旁。坐在农家院的火炕上或是阁楼里，品尝鲜嫩可口的鱼肉，当然是一件非常惬意的事情。待酒足饭饱之后，还可以在小街上走一走，攀上金海湖的大坝，看渔火点点，听涛声阵阵。

我曾向农家院大姐询问侉炖鱼的独特做法：炝锅后先在锅底铺上一层老咸菜片，然后放上调料，倒上汤，把收拾干净的金海湖大鲢鱼下锅用木柴文火慢炖，一直炖上三四个小时，待到鱼被炖到只剩下一点点汤的时

侉炖鱼

候就可以出锅了。此时端上桌的鱼鲜嫩、入味。一锅鲜我吃过很多种，在平谷这叫作“粘卷子”。不过像这种用炝锅拿柴火炖，最后连锅上的别的地方还真没有见过。最重要的是用炝锅炖，味道绝对不同！

这里的鱼之所以令游客赞不绝口，主要原因有三点：

一是鱼肥肉美。用来加工美食的鱼新鲜自不必说，每尾鱼大多在6斤，个儿大肉厚，吃起来很尽兴。

二是配料讲究。属北京郊区的农家传统风味，酱色很浓，虽说葱姜蒜大料红椒料酒等基本配料自是不少，但其中必另有奥妙和技巧，不然出不来这色、香、味俱全！

三是柴锅烹制。直径有七八十厘米的大铁锅蹲在灶台上，柴火烧出的青烟顺着炮筒似的烟囱徐徐飘散，慢慢地炖上三四个小时，再大的鱼也被炖制得酥软入味。

除夕来到海子村用餐的游客还可以获赠一条鱼，取“年年有余”之意。海子村的鱼吃起来与一般的鱼很是不一样——肉嫩、味浓、汤鲜。春节期间，村里还有小车会、跑旱船、秧歌等民间花会表演。

海子村是优美的自然环境和丰富的人文内涵的完美结合体，住农家院，睡农家炕，到金海湖边垂钓，参加篝火晚会等活动，尽享田园乐趣，体验农村的淳朴风情，呼吸山野的新鲜空气。没有城市的喧闹声和车水马龙，海子村显得宁静幽谧。成群的麻雀叽叽喳喳地叫着，落在电线杆上，好像五线谱上的音符，鸣啭枝头。来到这里你会体验到"采菊东篱下，悠然见南山"的悠闲自得，如想暂时逃离城市的快节奏束缚，这里会是一个不错的选择，定让你流连忘返，心旷神怡。

柴火、铁锅

乡村民俗接待户（组图）

村中小道

海子村村委会

湖边垂钓

山水掩映金海湖

09 故乡北张岱

我们家很早就搬到了平谷城区。这里高楼耸立，现代化建筑比比皆是，家家户户，楼上楼下，同样的占地面积住的人变多了，认识的人却少了。我记得小时候暑假住在北张岱的奶奶家，那里的人们路不拾遗，夜不闭户。几乎每家门口都有大概两平米的地方种点自己爱吃的水果和蔬菜，走过路过的人口渴了或者馋了，看见谁家种在门口的果蔬顺手摘一两个，根本不用和主人打招呼。暑假在北张岱的短居生活真的让我非常怀念。

于是我萌发了一个想法，去小时候经常去的地方再逛逛。说走就走，大概乘车半小时就到了奶奶家。中午简单地吃了点奶奶做的饭后就急急忙忙地跑去了儿时玩伴的家。因为关系非常好，所以我去她家她从不亲自过来给我开门，只是应一声让我自己开门进去。走过院子，里边就是客厅，她正坐在客厅的沙发上玩手机，和她闲聊几句学校的事情后，她好像猜中我心思一样，问我想不想去小时候经常玩的地方转转。正合我意啊，叫上几个当年的小伙伴，骑上奶奶的自行车，我们就踏上了征程。

最先去的还是小时候最爱去的“回音壁”。说是“回音壁”，其实就是火车铁轨下的地下通道。因为左右窄小，上下大概也就两米的落空，再加上为了能够支撑在上边奔驰的火车的重量特意筑了加厚的石头水泥墙，使得声波能够在发射到墙上后马上弹回，又因为几乎没有别的阻挡物，所以可以形成回音的效果。小时候不懂这些物理常识，就觉得很有趣，再加上那里很少有人去，就像是我们小伙伴的“秘密基地”。那时的我是个“孩子头儿”，经常叫上所有的小伙伴在那儿玩扮演山大王的游戏，百玩不厌，总是到家长出来找我们吃饭时才回家。

小时候最期待、最好玩的，是到了快过年的时候大家瞒着家长攒钱买爆竹来“秘密基地”放，那真是3D环绕立体音效。外边还没黑，里边就已经暗了，我们人手几根仙女棒，一起绽放的不只是烟花，还有我们的童年

童年的“秘密基地”

时光。烟花易冷，童年的欢声笑语却在小小的“回音壁”里久久回荡。时过境迁，和我一同来的伙伴们也感慨，说在这里听到的声音好像都还是大家没有变声之前的、没有褪去稚嫩的声音。回忆浮现在眼前，刚上幼儿园的样子还如昨天那般清晰，转眼间我们却到了上班的年纪。小时候石头缝里藏的摔炮还在，却因受潮早已不能响了。我们也是各自忙各自的事情，再也不能像小时候那样天天出来玩了。想想那时的日子就像这爆竹一样，昨日不可追啊！有一个朋友比我们大两岁，读的专业前景很好成绩优异。他说他经常来这里，在他青春期里每次发脾气的时候，在高三释放压力的时候。每次他到这里看到的、感受到的都是他自己的成长史，这个地方陪他完成了从幼稚到成熟的蜕变，他在这里成长，也在这里感悟，这里更是见证了他成长的路上变得越来越优秀的过程。这里对他来说不是昨日不可追，而是时时在告诉他来日犹可为。

聊了一番之后我们又去了不远处的一个古代墓室保护区。据说那里有专家鉴定过，是汉代的古墓，虽然5个墓室均被盗贼不同程度上盗过，但是作为文化遗产还是被保护了起来。墓前立了一个石碑，刻着这个建筑群的介绍，上边写道：东汉大型砖室墓，区级文物保护单位，位于平谷区北张岱村，俗传石郎墓，占地面积1000平方米。墓南向，地表为大宝顶，高3米，平面呈“凸”字形，由墓门、甬道、墓室、回廊4部分构成。墓门高2.2米，宽1.8米；门上刻有门吏像、朱雀、兽面衔环铺首。甬道口内两侧有刻石。墓室南北长6米，东西宽2.5米，高3.8米。东、西、北三面有回廊同墓室相通。甬道、墓室、回廊均为砖结构，券顶。墓早年被盗，仅存石墓门1扇，出土陶罐7件和五铢钱数枚等。正在我们看的时候，来了一位老者，说其中有4个是汉代的墓，还有1个估摸

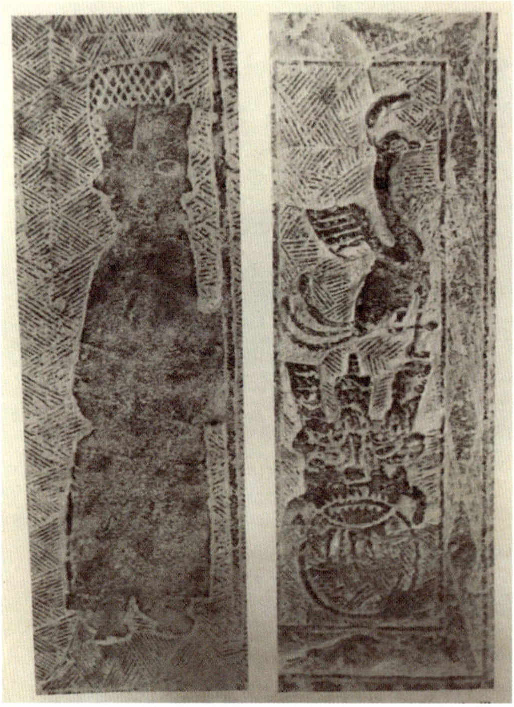

北张岱汉墓拓片

着像是清朝某个大户人家的夫妻合葬墓。他小的时候也和几个朋友在这里玩过，那时候都不知道这是什么，也并没有现在这么高，因为被盗墓贼挖得处处都是洞，小时候又淘气，几个人经常在这儿爬上爬下地捉迷藏、打土仗，不干家里的活儿没少挨他妈打。前几年人们才知道这里是古墓，然后这里就被保护起来了。

我们又转了转，天色逐渐暗了下来，街上聊天的人也都一个个回家了，我们也开始往家走。

回到奶奶家，刚好看见邻居也在，因为我家辈分比较大，虽然她儿子都要比我大十几岁，我还是只需喊她嫂子。寒暄了几句才知道原来是她孙子爱吃酸菜，她每年都积一缸。因为今年积得特别好，就拿给几家邻居都尝尝。这个邻居嫂子一向被周围人称赞贤惠，特别能干也懂得持家，家里两个儿子结婚前都给置办好了房子交了首付，剩下的由儿子们自己还。一辈子辛勤劳动累得都有点驼背了，老了两个儿子也都很孝顺，前些年争着抢着要父母去他们家住，说是自己忙让父母去家里照顾孩子，其实我们都知道是心疼父母在平房住冷。嫂子说住了几天感觉上下楼买个菜太不方便，就又回来了。后来儿子们出点钱自己又添点，村委会还给发了补贴就盖了新房，说现在的家比以前的家宽敞多了。

奶奶家养了一只小黑狗，是一只中华田园犬。这只小黑狗是很小的时候就被主人扔了，奶奶不忍心就捡了回家，因全身没有一根白毛就取名叫黑头。奶奶说歪名好养活。黑头一点都不怕生，谁来都摇尾巴，特别可爱。我索性搬一个马扎坐在爷爷给黑头砌的窝边上拿根火腿肠逗它。

天黑了，温度比白天低了不少，打个哈欠，黄色的灯光下都能看到雾气。屋内传出电视机的声音，抬头仰望，看到城市里见不到的清晰的星星，心底油然而生一种特别的感受。看到一旁的柿子树，想起它夏天茂叶

闲话家常

成荫的样子，树下小憩，漫天繁星，一把摇椅，一把蒲扇，听着小曲，喝着茶水，一块西瓜，院子里种点儿茉莉花，一阵清风，阵阵幽香，良辰美景，岁月静好。

第二天一大早起床吃点早饭，就想着牵着黑头出去溜达溜达，不知不觉走到了乡村里的公园。冬日清晨的公园人依旧很多，有跳广场舞的，有闲话家常的，有聚成一堆下象棋的。还有几个大爷用身体撞树，说是可以让自己更硬朗。清晨的公园完全没有因为寒冷而变得冷清。又快到年底了，路边满是卖春联、卖福字的，老人带着小孩出来吹吹风，年轻人带着小狗出来晨跑，描绘着乡村生活一片祥和的画面。

北张岱，一个离平谷城区不太远的小乡村，一个单纯、祥和的小乡村，用自己平淡的生活在历史的车轮上写下自己的故事。在城市住久的人，衣服上都沾满了城市的烟土，眼里也显现出那一丝丝灰暗的疲倦，如果走入乡村这个世外桃源，将会感受到，城市里的繁华，似乎与它的清新格格不入。在飘香的轻风中，融化了昨日灰色的忧郁，剩下的就是那么一个纯朴的大自然。

北张岱村村委会

10 黄松峪的自然抚慰

身为平谷人，虽然儿时生活在乡村，但更多的时间还是在钢筋混凝土的县城里过着远离田园和山水的生活，内心在烦躁时总想回归自然，在田地上奔跑、在野路上攀爬、在溪流中戏水、在山间纵声高呼呐喊，用身体贴近自然以放松身心。在平谷生活的好处就在于它能很快满足我的身心需求。平谷区东、南、北三面环山，中间为平原谷地，山区、半山区占七分之四，平原占七分之三。地势由东北向西南倾斜，中间平缓，呈倾斜簸箕状。境域群山耸翠，万里长城环绕北部山间；洵、泇二河映带左右，萦回境内。既能在发展迅猛、充满现代化的城镇中生活，也能驱车很快地奔向乡村，放慢生活节奏，听鸡鸣犬吠，看炊烟袅袅，这是我比较向往的生活。

最近的一次放松身心应该是2020年暑假了。当时自己许多的事情乱成一团，和朋友一同创业也以失败告终，而身边的朋友却大多已经跳出了校园圈子，有了很不错的起色，让我不禁为自己的现状着急、烦闷和压抑起来。去哪里放松心情呢？我一时有些茫然，脑海中换位思考了一下，如果我的外乡朋友来平谷玩儿，想贴近自然，放松身心，我带他去哪个景点更符合需求呢？思索片刻之后，一个清晰明了的答案出现在我的脑海里，那就是石林峡。

想到就行动，我翻身起床，换好衣服，拿上钥匙就准备驱车前往。虽然公共交通也很方便，乘坐平25路大概1小时就能直接到达景区门口，但压抑的心情使我不想坐在慢吞吞甚至绕行穿过村庄的公交车。自己驾车沿着平程路向北开，穿过建筑林立的城区，高层建筑逐渐减少，已经进入乡村区域，转向昌金路，继续向东行驶。此时窗外的风景与村庄又有所不同，道路左右多是农田和果树，来往的人也少了很多，只有稀稀疏疏几辆车在小路上飞驰。左窗外视野开阔，跨过农田和果林，没多远的距离，就能看到平谷北面的浅山、峨嵋峰以及许多不知名的山峰。山形各异，山上的树木也清晰可见。我欣赏着窗外的风景，因为视野开阔，思维上的时间好像放慢了一般，内心逐渐趋向平和；现实的时间却仿佛加快了，一路风景，不一会儿转个弯，黄松峪村就出现在了视野里，路面也宽敞、平坦了许多，路上的分割线都可以看得出是新画的，在阳光下还有点反光。

路旁左面是水库的排水渠。我惊奇地发现，常年干涸的渠道居然像山间深处的小溪一样流淌着水，还有很多人把车停在路边去溪里嬉戏。我把车速渐渐降低，看着在阳光下欢快地奔跑的淙淙溪水，仿佛自己也是蹚着溪水嬉戏的人群中的一员。可惜道路右面围栏开口很少，无法下车去亲自感受，只能先行作罢，从山里回来再感受也不迟。继续向前开，路左面已经能看到贴山而建的观音寺了。记得初中时候还和同学一起在里面做过义工，帮忙收拾木头等杂物，吃斋饭；右手边也不再是农地，而是一家挨一家的农家院。开过水库大坝的弯道上坡，就能小窥黄松峪水库水面的一角。波光粼粼的水面也随着车子的前行而呈现在眼前，偶尔还能看到大鱼在水面游动引起的涟漪。

黄松峪就是刚刚开过的水库下面的乡村，得名于平谷境内5座明长城关口之一的黄松峪关，可以说是因关成村，因关得名。明长城横贯乡域，中部一段就盘踞在黄松峪村北，只是关隘残基因修水库而被彻底拆除，仅剩部分敌楼和城墙遗基。前文也提到，平谷段长城多为就地取材，除了关隘和敌楼，其余部分多以山石垒成，被称为“干碴边”，当地村民也管它叫“砖石干垒”。如今，昔日防御建筑工程的军事作用已经消失，仅残留趋于风化的碎石和各种已经坍塌的砖石干垒的墙垛遗址。而砖石干垒的建筑方法却融入农村的生产生活之中，如院子围墙和农用地块儿间的坝墙建造，都使用的这种方法。关隘名字也作为地名和乡村名被保留了下来。

思绪过半，已经到了水库的北岸，此行的目的地石林峡，也近在眼前了。

景区门口的路边尽是卖山货、麻梨木、小玩具的小商贩，还有些头脑灵活的小商贩在卖小鱼抄，给想去水库岸边摸鱼的小孩儿提供便利。到停车场，绕了半圈才找到位置。停下车来发现，因为雨水丰富，停车场的西南角水道的水都已经漫到路面上来了，难怪水库需要放水。水库下游的石河又有水流了呢。穿过停车场，直行到卖票的地方，路上发现还多了很多娱乐设施。之前电视台在这儿录制过闯关节目，留下了水上项目的场地，后来停用被拆除，改为了过山车、激流勇进、高空飞翔等娱乐项目，玩的人也不少。

水上飞车

水上铁索桥

其实石林峡在之前做得就很好，首先是服务指引方面，无论是指示牌还是卫生间的提示语，都是多语种的，为接待国际游客做好了准备；其次是景区内的卫生间很多，不会出现来参观的游客排长队和没地方上卫生间的尴尬场景；最后是娱乐设施，为不同的人群提供不同的选择。

拿着购买好的门票进入景区后，我翻开门票的背面查看路线。虽然已经不止一次来这里，但还是有些难以抉择从哪边出发开启参观之旅，因为无论哪条路线都有各自的特色。

石林峡有东西两片石林，左边的山路不陡，有很多自然风光，右边的山路石林直立，惊险陡峭，有索道。我选择了右边的路，因为这条路足够长，而另一条路的景观相对少一点。进了山，一股夹杂着水汽清凉的清新空气迎面吹来，到处都是自然的气息。路边的树干上甚至都有些许青苔覆盖。脚下石板小路时宽时窄，偶有一棵粗壮的树长在路中间，仿佛要把

石林峡风光

这条小路分为上行和下行一样。路边是伴路而行的小溪、果树和灌木。小溪清澈见底，奇形怪状的大小石头在溪水底部躺着，不长距离就有冒出头的石头激起水花，让溪水因它而分流，发出淙淙的水声。沿着弯弯的小路边走边倾听，不时还有鸟鸣忽远忽近地传来，更有大大小小的水潭因落差形成的小瀑布，流水像一串串秀丽的珍珠砸在下方的玉盘上，发出清脆的声音。各种自然的“音符”好像是演奏一首永不停息的乐曲，为“四季”

这场演出伴奏。我们仅是行走在其中的观众，大自然为我们带来视听的盛宴，却不会因我们的心情而变化。

山路也不尽是石路，有的地方过于陡峭，抬头可以看到高崖陡壁上横生出不计其数的柏树与其他树种。树干在空中伸展，树根紧紧抓附于崖壁，令人不得不赞叹万物生灵的神奇。脚下的路也只能用木板钢架做梯了。一路爬到通天梯脚下，抬头看着台阶，如开天一线，稍作休息就开始了“登天”之路。爬在陡峭的台阶上，回身远眺，感觉自身之渺小，到达梯顶，只觉云涛滚滚，气势恢宏，更有一组大规模的石林群展现在眼前，与峡谷的幽深雅静形成鲜明的对比，让人心中生出“一道大峡谷，上下不同天”的感叹。

嬉水之处

石林峡地质奇观

再往前就是石林飞瀑了，站在瀑布面前，看着仿佛银河之水的瀑布从天而降，总落差有120米之高，蔚为壮观，其声于谷中回响不绝。到达龙王山顶，登顶远眺，俊秀的群峰前拥后簇，高矮参差，绚丽壮观，让人情不自禁地有“会当凌绝顶，一览众山小”的感慨！看向水库的方向，宽阔的水面已经像水潭一样大小，全貌尽收眼底。

云蒸霞蔚黄松峪水库

终于到了我心心念念的玻璃观景台，整个观景台呈飞碟形由一条玻璃走廊延伸而出，坐落于石林峡景区主峰之巅。观景台以航天钛合金材料、合金钢、高强拉索、多层夹胶玻璃建造而成，比号称世界“第八大奇观”的美国科罗拉多大峡谷廊桥还长11.4米，面积更是大上一倍多，是迄今为止世界上面积最大的玻璃观景台。因其形似鹰眼且雄伟壮观，故有“宇宙之眼”之称。走上去感觉微晃，脚下的玻璃透明度很高，想必对恐高的人来说是个极大的挑战。因参观的游客过多，每人只能行走3分钟，更不能蹦跳和躺下。站在弧形护栏的边缘，所有的一切都在身后，眼前只有浩渺的天地和绝美的景色，之前胸中的荫翳一扫而空。

石林峡玻璃观景台

石林峡有“三绝”，在主峰的另一侧。“天下第一锣”直径为2008毫米，为2008年奥运会祈福助威而铸造，纯青铜质，敲起来声音浑厚，响彻云霄，不绝于耳；“天下第一鼓”纯铜铸造，敲起来站在玻璃观景台上都有震动的感觉；“天下第一钟”由5件双音编钟组成。回顾完“三绝”，踏上下山之路。名为下山路，一路上也是爬上爬下。且下山的台阶太窄了，陡峭的地方不扶扶手根本不敢迈腿。

走出景区，浸湿上衣的汗已经犹如来之前内心的压抑和荫翳一样，成了衣服上的装饰，不再影响活动。回家的路上，我如愿在石河中蹚水放松了一番。水是那么的清凉，并不刺骨。随着时间流逝，太阳渐落，温度也降低了些许，皮肤上的汗毛已经因感受到了凉意而竖立起来。回到家中，蜷缩在床上，思维飘散于时空的长河，不知心中所想，唯有身处自然的舒适之感仍在心间流连。

11 琴满东高名扬四海

一

北东高，南溪桥

小提琴是西洋乐器，被称为乐器皇后，诞生于16世纪意大利的克雷莫纳镇，19世纪末才传到中国。在中国，有“北东高，南溪桥”的说法，指的是一北一南两个提琴生产基地。“北东高”就是北京市平谷区的东高村镇。东高村镇地处平谷区南部，东与夏各庄镇相邻，南与河北省三河市段甲岭镇接壤，西与马坊镇相邻，北与平谷镇接壤。镇域面积55.91平方千米，户籍人口仅3万余人。世界上每3把新制作的小提琴中，就有1把是这个普通小镇生产的。近年来，东高村镇以小提琴生产为龙头，集成小提琴、

东高村镇政府

中提琴、大提琴、贝司和二胡等弦乐乐器生产并带动周边产业发展，形成了国家乐器专业交易市场和商品集散地。

那么，东高村是如何从一个普通的小镇，发展成为中国北方提琴生产基地的呢？这首先得提到一个人，那就是中国提琴产业基地龙头企业的领军人物，北京华东乐器有限公司总经理刘云东。1988年，刘云东还是东高村镇政府的一名会计。他经过统计调查，发现北京的提琴需求量非常大，但是京城琴行里的提琴大多都是从国外进口，鲜有自产的提琴。于是他就有了自己制造提琴的念头。“和我同村的一个小伙子会做小提琴，正好当时的星海乐器厂倒闭了，我就在星海乐器厂的制琴大师戴洪祥家门口蹲了一晚上，才请动他老人家来教我们做琴。”刘云东回忆着多年前自己创业时的情景。有了制琴大师的指点，刘云东克服技术难关，最终制作出品质优良的小提琴。此后，刘云东带着自己生产的琴走南闯北地推销，参加国内外的乐器订货会，不断地改进生产技术，终于将一个打游击战的提琴作坊打造成为国内首屈一指的规模化提琴生产企业——华东乐器厂，后改制为北京华东乐器有限公司。

北京华东乐器有限公司是由世界制琴大师戴洪祥、王崇贵等多名技术顾问亲临指导创建的，是目前我国北方地区生产规模最大、规格品种最全的提琴专业生产企业。经过30多年的发展，公司现有员工160余名，占地面积5万平方米，建筑面积3万平方米。年生产各种规格、各种档次的提琴产品26万把，占全球生产份额的近三分之一。产品除了部分满足国内市场需求，还远销欧美、东南亚的30多个国家和地区，出口量占总量的95%以上，是全国提琴出口创汇的主要基地。近年来公司被评为中国乐器行业强势公司、中国乐器50强、北京市就业与社会保障先进民营企业、北京市工商业守信企业。

二

青年制琴师刘尊飞的主播之路

人才是企业发展的根本，经过多年的发展，北京华东乐器有限公司规模不断壮大，吸引了很多青年人才，为传统的提琴制作带来了新的活力，开始了科技引领下的品牌化定制化生产，刘尊飞就是其中的一名佼佼者。

刘尊飞是一名“90后”平谷青年，在中央音乐学院上学时主修提琴制作专业，辅修小提琴演奏专业，师从国际提琴制作大师郑荃老师。2018年硕士研究生毕业后，他回到了家乡，成为北京华东乐器有限公司的一名制琴师。以往的提琴销售订单都是通过参加展销会获得的，受疫情影响，部分订单被取消。为了缓解经营压力，刘尊飞等员工开始利用网络直播进行提琴销售和提琴知识普及。新一代的制琴师在互联网时代走出了一条新的道路。

推开制作间大门，制琴师傅正手握木质琴头，精雕细琢。一墙之隔的演奏间里，四周墙壁上挂着各种小提琴，刘尊飞正手持小提琴试音……这就是开设的直播间。突如其来的疫情，让提琴销售一下子停滞了。企业不能坐以待毙，员工要生存。2000年4月初，北京华东乐器有限公司入驻淘宝、快手、抖音等新媒体平台，把拼板、刮板、刻头、装头、油漆等多道制作工序原原本本展现在网友面前。直播制琴流程，让不少网友看到了华东乐器厂的精益求精。“我们才试水三天，卖掉了10多把小提琴，也渐渐有了粉丝。销售量虽然还不多，但这是个好的开始。”刘云东说。线上直播能让更多人了解小提琴文化，未来将成为常态化的展示和销售渠道。

三

中国乐谷

众所周知，平谷除了有“绿谷”“花谷”“商谷”等美誉，还有“乐谷”之称。那么，“乐谷”的称号是怎么来的呢？答案可以从每年一度的京东文化庙会上寻找。这一文化庙会除了秧歌、评剧、梆子戏等京津冀的传统节目，还有一个节目格外引人注目，那就是由几十名学生组成的小提琴演奏方阵。学生们在行进中整齐划一地拉动琴弦，优美的琴声随风飘扬。这是近年来京东文化庙会的创新节目，表演所用的小提琴全部产自平谷东高村。

东高村村头矗立着一座醒目的建筑——中国乐谷展示中心。展示中心一楼大厅进门处赫然列着3行大字：“中国发展呼唤中国乐谷，世界城市期待中国乐谷，首都文化孕育中国乐谷。”

走进大厅，首先看到的是中国乐谷规划历史展。中国乐谷是从2010年开始萌芽的。2010年3月26日，北京市政府批示，浙江有小商品市场、小五金市场，北京平谷有小提琴村、钢琴村的基础，可研究北京音乐园区的发展问题。2010年9月19日，平谷区颁布《关于印发加快中国乐谷建设促进文化创意产业发展若干扶持政策》。2010年11月19日，中国乐谷——首都音乐文化创意产业集聚区被北京市认定为市级文化创意产业集聚区。2011年1月16日的《北京政府工作报告》中指出，重点抓好中国乐谷等文化创意产业重点项目，提升产业创新能力和集约化水平。2011年2月17日，平谷区举办首届中国乐谷欢乐节。2011年4月30日，平谷区举办“2011中国乐谷·北京国际流行音乐季”。2011年5月，中国乐谷被国家新闻出版总署认定为

中国乐谷展示中心

国家音乐产业基地。2013年4月，“中国乐谷·2013年北京迷笛音乐节”在中国乐谷草地音乐公园成功举办，国内外100余支乐队，3天演出100场次，吸引观众12万人次。2014年5月，举办“2014中国乐谷·北京国际流行音乐季”。2013年6月14日，中国乐谷“音乐创意基地”“音乐工坊”两个地块控制性规划获北京市规划委批复。2014年6月10日，中国乐谷总体规划获北京市规划委批复。短短几年，以东高村为中心的中国乐谷从无到有，形成一个集乐器生产、乐器展示、音乐表演、音乐节为闭合产业链的文化创意产业园区。

中国乐谷展示中心系统展出了提琴史话、乐谷体验、中国乐谷规划等几个板块。在一张展台上展出了提琴的各个部件和制作流程的图片，使参观者可以深入地了解小提琴的制作工艺。

中国乐谷规划鸟瞰图

2018年9月3日，北京市平谷区与西班牙巴伦西亚市正式缔结为友好城市，音乐成为了架起友谊的桥梁。受巴伦西亚市长的邀请，2019年1月26日至2月2日，北京华东乐器有限公司下属企业华东音乐城开展2019北京平谷—西班牙巴伦西亚音乐之旅活动。这次西班牙音乐之旅，乐器有钢琴、小提琴、大提琴、萨克斯、古典吉他、马林巴等西洋乐器。为了彰显民族乐器的魅力，古筝和葫芦丝也走出了国门。其宗旨是让学习音乐的学生走出国门，与音乐大师面对面交流；走进多所音乐院校体验其音乐教育模式；参与专业乐团的排练并合作进行音乐会同台演出。通过音乐，锻炼学生在外自主处理事务的能力与表现力，充分体验演奏的乐趣，搭建两地友谊的桥梁。

提琴制作流程图

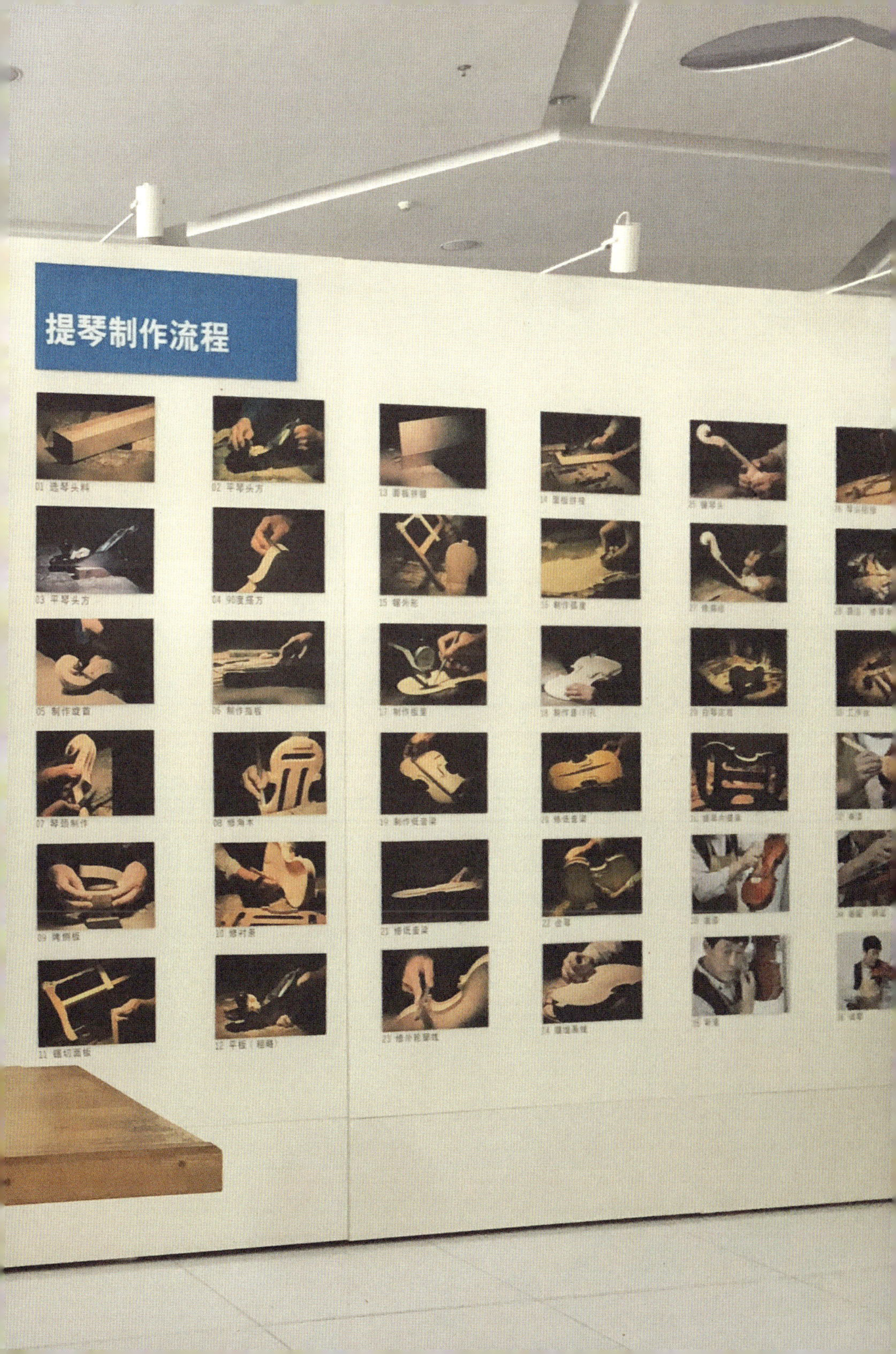
提琴制作流程

12 椿飨——赶赴一场春天的约会

一

香椿

每年从清明到谷雨前后，一把把红亮亮的香椿芽在绿叶菜摊上格外醒目，成为餐桌上的“时尚尖货”。对于我来说，初次尝试香椿的经历却不怎么美妙。大学去京郊旅游，农家乐的老板娘领着我们摘香椿，一眼看去，几棵香椿树零零散散地种在院子里。新鲜的香椿芽红中透绿，在阳光的照射下发出油亮的光泽，让人看了垂涎欲滴。老板娘随手摘下几丛嫩芽，一股浓郁得有些刺激的味道弥漫在周围，我们也学着摘了几枝，香椿的“怪味”停留在指尖，久久不去。待到香椿炒鸡蛋上桌，大约是被新鲜

香椿

香椿芽的味道吓到了，我勉强吃了一口，滋味说不出的奇怪，甚至还有点烧心。后来每每看着别人大快朵颐，忍不住又尝试尝试，一来二去，竟渐渐习惯了香椿的味道。每年初春，都忍不住想尝尝鲜，这大约就是香椿让人欲罢不能的神奇魔力吧。据科学研究，香椿气味的独特性，来自其相当复杂的化学成分，集合了50多种挥发性的含硫化合物和萜烯类化合物。前者大多散发类似大蒜、洋葱、硫黄的浓烈气味，决定了香椿的本味；后者则为香椿提供了些许花香、草香，起到中和作用。

《庄子·逍遥游》云："上古有大椿者，以八千岁为春，以八千岁为秋。"古人见多了高大繁茂的椿树，视其为长寿的象征。北方有谷雨吃香椿的习俗。吃香椿可以健胃理气，提高人体免疫力。

二

"贡椿"的由来

平谷区峪口镇的樊各庄村，自古以来就是远近闻名的香椿产地，尤以东樊各庄为胜。此地盛产红芽香椿，有"东樊贡椿"之美名。

樊各庄村早在宋朝时就已开始栽植香椿，盛产于清乾隆时期。据《三河县志》记载，乾隆皇帝上丫髻山朝圣，在顺义山里郝家用膳（郝家是当时朝中重臣）。郝家安排了一顿香椿宴，乾隆皇帝大悦，御封香椿树为百树之王，樊各庄的香椿也被选为贡品。自此樊各庄村民在房前屋后都种上香椿树。樊各庄村的土为红黏土，水为深岩井水，富含铁、钙等微量元素，山前小气候，昼夜温差大，所产红芽香椿玲珑娇嫩、清香扑鼻、味浓鲜美，内含的多种矿物质、维生素等较其他地区更高，是一种营养价值高而又极富地域特色的时令蔬菜。

《三河县新志》之《卷之七·经制志·物产篇·木类》记载："椿，有二种，香者为椿，其芽可食。臭者为樗（chū），可作木材之用，根皮均入药。邑内东、西樊各庄香椿最著名，运至热河、北平等处，人争购之。"志书所记，说明樊各庄的香椿在当时已声名远播。

三
探访"贡椿"基地

近年来，贡品香椿已经从村民房前屋后零散式种植方式向田间地头规模化种植发展，逐渐统一技术，统一包装，统一宣传，注重品牌打造，发展电商销售，开拓了当地农民增收新渠道。镇域内"贡椿"种植面积已有

东樊贡椿

700余亩，年产量7万余斤。市民可以在多家电商平台上购买。

百闻不如一见，在当地向导小于的带领下，我们来到了樊各庄村香椿基地，实地拜访了香椿种植户陈大爷一家。陈大爷时年71岁，陈大娘73岁，两位古稀之年的老人精神矍铄，介绍起家乡来滔滔不绝。陈大爷说樊各庄村是康熙皇三子爱新觉罗·允祉的封地，打小他就记得村头散落着雕刻精美的石刻，“贡椿”一说绝非浪得虚名。

“雨前椿芽嫩如丝，雨后椿芽生木质”，这是一句著名的采椿民谚。香椿芽是时令严格限定的产物，陈大爷家一共有15亩香椿地，每亩地大约有80棵香椿树，3年生树龄，只在春季采摘一茬，一棵树产出差不多1斤香椿芽，每年总体收入2万～3万元。香椿地平时全靠老两口照应，我们到的时候已经过了香椿的旺季。张大爷忙着修剪枝条，为来年做准备。

陈大爷家的香椿地呈“L”形，颇具规模，一眼望不到边，一侧紧挨着桃田。地里的香椿树排列得整齐划一，每两行为一垄，行间距大约1米，株间距大约半米，垄间距3至4米。和一般作为行道树的香椿树不同，集中栽种的香椿树的主干被修剪得比较低矮，而生发的侧枝茂密而高大，每个枝条都足足有两人多高，枝条上长满了红油油的香椿芽，在风中微微摇摆，仿佛一个个待检阅的士兵。

参观时，我们看到陈大爷手里拿着一把剪刀，只听“咔”的一声就剪下一根高大的枝条，动作行云流水，一气呵成。我捡起一看，这枝条直径足足有5厘米，木质很硬，握起来像一支红缨枪。大家不禁有些疑问，剪下这么粗这么硬的枝条为什么看起来毫不费力？陈大爷向我们展示了他的利器，原来这把剪刀不是普通的手动剪刀，而是电动剪刀。工欲善其事，必先利其器。同行的叶老师也忍不住上手一试，剪起枝条来果真是干净利落。陈大娘拎着一个大桶，远远地跟在后面，像拾麦穗一样，将一根根枝条上的香椿芽仔仔细细地揪下来，动作麻利得用“薅”这个字似乎更为合适。一根枝条的香椿芽就是一把，轻轻攥在手里，整整齐齐码好，用皮筋将根部扎起来，像梳着的一头小辫，再一把把地放进大桶里，这就是我们在超市里看到的香椿的样子了。香椿芽十分娇嫩，这样采摘的香椿芽不会相互挤压，口感好。老两口儿配合娴熟，不一会儿就摘了满满一桶。陈大娘说别看这一桶挺多，可是香椿芽轻，不出数儿，不压秤，这么一大桶也就10斤左右，一天下来最多也就能摘个二三百斤，也是个累人的活儿。

来到香椿种植基地，岂能放过亲自采摘香椿的乐趣。大家有样学样，也热火朝天地干起来。剪枝条是个技术活儿，哪个能剪哪个要留由陈大爷决定，我们只顾着捡起枝条来，学着陈大娘的样子摘下嫩芽，一把把扎起来，虽然扎得不够紧实，但也乐在其中。众人拾柴火焰高，一会儿工夫也装了满满一大桶。陈大娘一边帮我们整理着香椿芽，一边热心地告诉我们香椿芽的吃法。陈大娘说一般人都喜欢吃香椿叶，其实香椿的梗也很美味，味道更足，香椿拌豆腐就是香椿梗最好的吃法。

裁剪香椿枝条

采摘香椿芽

展示高大的香椿枝条

探讨香椿的吃法

陈大爷和陈大娘主要管种树，销售的活儿就交给年青的一代了。向导小于正和陈大爷的儿媳商量着，如何将这美味的贡椿进行整体策划，更好地打开销路，提高“东樊贡椿”的附加值，让祖祖辈辈的香椿种植户真正尝到收获的喜悦。

四

香椿拌豆腐

在香椿众多的吃法中，香椿拌豆腐是最常见也最经典的吃法。美食大家汪曾祺的散文《豆腐》中曾经写道：“香椿拌豆腐是拌豆腐里的上上品。嫩香椿头，芽叶未舒，颜色紫赤，嗅之香气扑鼻，入开水稍烫，梗叶转为碧绿，捞出，揉以细盐，候冷，切为碎末，与豆腐同拌（以南豆腐为佳），下香油数滴。一箸入口，三春不忘。香椿头只卖得数日，过此则叶绿梗硬，香气大减。”梁实秋的《雅舍谈吃》中《豆腐》一篇中也提到：“凉拌豆腐，最简单不过。买块嫩豆腐，

香椿拌豆腐

冲洗干净，加上一些葱花，撒些盐，加麻油，就很好吃。若是用红酱豆腐的汁浇上去，更好吃。至不济浇上一些酱油膏和麻油，也不错。我最喜欢的是香椿拌豆腐。香椿就是庄子所说的‘以八千岁为春，以八千岁为秋’的椿。取其吉利，我家后院植有一棵不大不小的椿树，春发嫩芽，绿中微带红色，摘下来用沸水一烫，切成碎末，拌豆腐，有奇香。”

五

香椿文化节

“山珍梗肥身无花，叶娇枝嫩多杈芽。”2021年4月19日，作为北京平谷第二十三届桃花节系列活动的重要组成部分，平谷区峪口镇第七届香椿文化节在峪口广场和东樊各庄村千亩龙源森林公园同时举办。本届香椿文化节将通过线下活动、线上直播等形式让广大市民了解香椿文化，品尝香椿美食，欣赏周边花海景观，推介“平谷好物”峪口贡品香椿。

同时作为平谷区乡创文旅系列活动之一，这一届的香椿文化节内容更加丰富。其间，游客在峪口广场主会场可以品尝到炸香椿鱼、香椿丸子、洳口烙盒子、洳口烧饼、正大系列食品等峪口镇域美食，还有德国自酿啤酒包、意大利冰激凌等食品，也可以观看丰富多彩的民俗文化表演，购买民间手工艺制品，参与亲子游戏等各类互动活动等。

在花开争艳、色彩缤纷的千亩龙源森林公园分会场，游客可以赶香椿文化市集，品尝香椿摊鸡蛋、香椿煎饼、麻花、豌豆粉等美食；观看蜂箱，与小蜜蜂“零距离”接触并现场制作蜂蜜唇膏；欣赏香椿菜品厨艺比赛和秧歌、舞龙舞狮等民俗表演；购买根雕、桃木制品、桑蚕等产品；游览明代烈虎桥、风车阵、灯笼艺术区、动物乐谷等美景；到附近香椿基地实地参观、采摘。

13 徜徉山野间，寻路玻璃台

在京郊户外运动的圈子里，平谷区镇罗营镇的名气可不小。镇罗营镇四面环山，是平谷最北部的山区乡镇，总面积80.9平方千米，始建于明代，是古代边关重镇。镇域平均海拔约700米，超过千米的山峰有12座，镇域内八大泉系星罗棋布，森林覆盖率达83.9%，负氧离子高，素有“晴川绿谷”之美称。镇罗营镇秉持“绿水青山就是金山银山”的理念，在保护生态中谋划发展，努力将生态优势转化为发展优势，依托镇罗营镇优良的自然资源，守好、建好、用好一方水土，为亲近自然、享受休闲的人们提供一处活动的好去处。地处镇罗营镇东南部大山深处的玻璃台村，作为“环长城100”国际越野挑战赛等诸多国际赛事的大本营，俨然成为户外运动的打卡地，近年来声名鹊起。一到周末，各路山友在此聚集，十分热闹。

乡间林荫道

从镇政府到玻璃台村大约15分钟车程，一条乡间公路沿着镇罗营石河在山谷中蜿蜒而来。路面虽然不宽，但十分平整。远处山花烂漫，近处郁郁葱葱，伴着徐徐清风，好一幅春日画卷。

我们首先来到玻璃台村村西头的村委会，村委会的一面墙上书写着“中国玻璃台”几个红色大字，颇为气派。关于玻璃台村村名的由来，有两种说法。一种说法是因为这里盛产玻璃树。玻璃树叶有一种独特的香味，具有一定的药效，蒸东西时可以用来做屉布。比较有名的是玻璃树树叶卷蒸鸡翅，味道独特，奇香扑鼻。我们开始在村子里寻找玻璃树，却始终找不着。当地人告诉我们，玻璃树是天然野生的树种，生长缓慢。过去漫山遍野都是，后来因为栽种果树，村子附近的玻璃树已经越来越少了，如今只

玻璃台村委会

能在深山里才能看到。关于玻璃台村村名由来的另一种说法是因为这里出产生产玻璃用的石英砂。至于到底哪种才是准确说法，就连当地人也是见仁见智。

村委会对面的墙上，是玻璃台景区的介绍。玻璃台村成村于清代光绪年间。抗日战争时期，玻璃台村化名“青叶”，曾被侵华日军划为无人区，烧毁民房500多间，杀害村民36人。改革开放前该村穷乡僻壤，村落破旧，几十户人家祖祖辈辈过着捉襟见肘的山村生活，是全市最低收入村之一。21世纪初，玻璃台村被定为“建设社会主义新农村重点村”，在市委市政府的领导下，开始制定发展规划，开发周边景点。村民们在村党支部书记陶广银的带领下，开山辟路，筑坝修潭，经过几年的艰苦努力，终于

桃花掩映下的农家乐

将玻璃台村建设成为玻璃台景区，村容村貌发生了翻天覆地的变化，村民们都住上了二层小别墅，开展民俗旅游走上了富裕之路。2008年，玻璃台村被评为“北京最美的乡村”“北京美丽乡村联合会会员村”；2019年12月25日，玻璃台村被评为“国家森林乡村”；2020年8月26日，玻璃台村入选第二批全国乡村旅游重点村名单。

玻璃台村坐落在一片地势比较平缓的台地上，整个村落东西长超过1千米，南北宽仅300余米。在这片狭长的台地上，60多家农家乐依山就势，鳞次栉比，从村西延绵到村东。村东头往上，行至玻璃台景区大牌楼处，地势渐渐陡峭起来，牌楼右侧有一张大大的玻璃台村民宿旅游总览图，详细标明了玻璃台村周边的旅游资源。玻璃台景区的景点非常

玻璃台景区山门

丰富，西侧是明长城遗址，包括长城边墙、炮台及烽火台等，即俗称的玻璃台长城，东侧途经九曲十八弯到达平谷区的最高峰东指壶，南侧的景点主要集中在村子附近，有天子谷、万泉谷、一线天、迎客松等。

我们到的时候，“环长城100”国际越野挑战赛刚刚结束，玻璃台村圆满地完成了800多名运动员及相关赛事服务人员的接待任务。村里恢复了昔日的宁静，桃花盛开，绿树成荫。“问余何意栖碧山，笑而不答心自闲，桃花流水窅然去，别有天地非人间。”身处玻璃台村，我大概可以领会诗中的意境。

平谷区的长城主要为明长城，东起京津冀三省交界处的大松木顶，北至北水峪挂弓岭，大致为东南—西北走向。长城经过四座楼后，转北进入史家台村所在的峡谷，峡谷南侧不见长城踪迹，北侧山崖之上复现。此段长城就是驴友们所称的玻璃台长城。长城在玻璃台村西北的一道山脊上时断时续，西南—东北走向，全长4996米，共有敌台10座，烽火台2座。玻璃台长城从谷底断崖到山腰一座还没有完全坍塌的敌楼这段，因为近几年得到修缮，墙体基础基本被保存下来。过了山腰的敌楼到“五指山”东南侧山崖这段，只剩一些残存的墙体、敌楼和零星的碎石。这一段长城墙体就地取材，全部由花岗岩垒砌而成，并有多处断崖，至今未进行商业开发，保留着古长城景观。

来到玻璃台，登山是重头戏，爬玻璃台长城登东指壶是一条很经典的户外线路，俗称“玻璃台—东指壶环登”，全程约12千米，徒步耗时4小时以上。这一条线路爬长城，越天堑，走山脊，穿石缝，一路走下来，惊险无比，却又酣畅淋漓。可惜时间有限，我们只能选择其中一小段线路，体验一把玻璃台长城文化考察的乐趣。从村子北侧的防火道徒步至三岔口，往北进山，经过一段攀爬，来到一个小小的坡地，路旁矗立着一块长城的文物标识碑，从这里可以远眺玻璃台长城的全景。山顶上有一个残破的敌楼，是玻璃台长城标志性建筑遗迹，沿着长城边墙向山顶出发，一路走走停停，有好几处断崖，小心一点还是能攀爬过去。行至上敌楼的最后一段坡，断崖攀登难度太大，只能走下边墙，沿着一条小道绕行上去，终于成功登顶。

如果觉得单走西线攀爬玻璃台长城还不够过瘾，体力允许的情况下，推荐大家走一走“环长城100”的经典线路。

“环长城100”国际越野挑战赛是中国首个以“长城文化”为主题的越野赛事，也是北京·平谷世界休闲大会的重要组成部分。此赛事的100千米赛道基本呈环形，分布在镇罗营镇植被丰茂的山脊上，海拔在250米至1200米。比赛途经明长城、红色文化遗址、万亩梨花谷等景观，参赛者奔跑在大自然之间，在运动休闲的过程中，充分感受这里优良的生态环境，品味镇罗营镇厚重的历史文化，体验着京郊越野的无穷乐趣。赛事以“长城越野烽烟之跑”为主题，秉承“全域、全季、全民”的休闲理念。“环长城100”国际越野挑战赛已经成功举办了3届，凭借一流的赛事品质和全面周到的赛事服务，得到了国内外跑友的一致认可，吸引了越来越多跑友的加入，打造平谷区镇罗营镇运动休闲旅游赛事品牌。

第一赛段，即玻璃台小广场—东指壶—北水峪段，全程约16千米，上下爬升2281米。这一段是长城的精华段落，沿着景区观光路由缓而疾地向东指壶方向进发。这条景观路跑起来并不容易，它绕来折去号称“28道拐”，当你拐得腻烦了也就快到山顶了。从起点经过约5千米的路程到达1027米的东指壶牌楼下，已经爬升了500米以上。东指壶是北京与河北的界山，站在山顶东望，就是河北的地界。到达山顶一个开阔的广场，东指壶牌楼矗立在眼前。从牌楼门下跑进去，沿着山脊小路继续向上约1千米

玻璃台路九曲十八弯

到达东指壶山顶线路最高点。踏上平谷第一高峰，俯瞰脚下一览众山小，英雄气概油然而生。沿着小路继续前行，一路向北，在山脊上起起伏伏的林间小路奔跑约1千米后开始下山，约1.6千米后下山到达艾台子村。穿过艾台子村后，沿西南方向继续向前开始爬山，约1.3千米后到达山顶北水峪长城。这段石砌长城城墙气势磅礴，立于高山峻岭之上，至今古迹保存完好。穿过北水峪明长城，一路下坡，沿山路继续跑约1.3千米后，到达大水泉村水泥路。沿水泥路继续跑约900米，到达清水湖补给站。

徜徉山野间，或漫步于地势平缓的村落，或骑行于九曲十八弯的乡间公路，或攀爬于起起伏伏的峰峦，看山花烂漫，听泉水潺潺。玻璃台村在全民运动休闲时代中脱胎换骨，将长城文化体验融合到山地休闲运动中，寻找到特色发展道路，迎来了新的发展机遇。

玻璃台村村口一景

攀爬玻璃台长城敌楼

14 水秀泉鸣杨家台，京东蜜梨第一家

2020年3月11日，《消费日报》以“果香传四海，大美镇罗营”为题，整版篇幅介绍平谷区镇罗营镇的特色果品。除了大家耳熟能详的大桃，镇罗营镇还盛产梨、红果、杏、核桃、油栗等特色干鲜果类，果树种植面积达4.3万亩。其中梨树种植1.3万亩，每年产梨450万斤，梨又可细分为蜜梨、红肖梨、小雪花及八月红等多个品种。杨家台村出产的传统果品蜜梨，因其得天独厚的生长环境和悠久的种植历史，成为镇罗营镇销售果品中的主打产品。

消费日报
CONSUMPTION DAILY
A4 专版
2020.3.11

果香传四海 大美镇罗营

镇罗营镇特色果品相关报道

一

山泉滋养的福地

杨家台村位于平谷区东北部，镇罗营镇东部，距离北京市区百余千米，驾车需两个多小时车程，是个深山中的偏远小村落。杨家台村域面积4.94平方千米，辖杨家台、柯树峪、老虎涧3个自然村，80户，258人，皆为汉族。聚落沿沟谷台地散列分布，海拔450米左右，最高峰黄面崖海拔1085米。杨家台村地处深山区峡谷之中，种植松柏等人工林2000亩，自然生长的椴、火杨等林木1500亩，是个“天然绿色大氧吧”。土地多为梯田，土

山水相依杨家台

壤均为长石质岩类淋溶褐土，土层较深厚，土壤肥沃，含有丰富的微量元素。这里依山傍水，峡谷奇幽，高差可达五六百米，气候凉爽，昼夜温差大，日照充足，形成独特的小气候，有利于果品糖分的积累。更为关键的是，此地水资源丰富。其周边有八大泉系，分别为杨家台泉、东牛角峪泉、北水峪泉、玻璃台泉、张家台泉、五里庙泉、关上泉及清水湖泉。以杨家台泉最佳，泉水清纯甘冽，富含锶元素，涓涓细流滋养着此地山川生灵，最终汇聚于杨家台水库。杨家台水库水质清澈，碧波荡漾，湖清镜明，峻秀挺拔的山峰横列于湖的北侧，倒映水中，相映成趣。2018年，杨家台水库被北京市水务局评选为“北京市最美的12处水乡风景”之一。它就像一个聚宝盆，福佑着这一方水土。水库的优良水质和优美的自然环境孕育出的蜜梨，必然身价不菲，让世人惊艳。

二

老梨树下的新期待

如果说高山泉水为杨家台蜜梨提供了优质的生长条件，那么300多年的种植历史则凝聚了世世代代杨家台人智慧的结晶。走进杨家台村古梨园，一棵老梨树吸引了大家的注意。这棵老梨树参天，树高足有七八米，主干粗大到一人不足以环抱，抬头仰望，树冠遮天蔽日，枝干虬曲苍劲，枝繁叶茂，被称为“梨树之王”。

《北京果树志》写道，梨树是北京地区栽培历史悠久的一个主要乡土树种，遍布在山区、沙荒和丘陵等地。早在明代的《群芳谱》一书中就有

“梨，北地处处有之”的记载。到清晚期，梨已经是北京城果品供应中的主要果品之一。《帝京岁时纪胜》记有北京当时种植的梨有“秋梨、雪梨、波梨、蜜梨”，该书特意指出“蜜梨”等为本土梨种。据杨家台的乡亲们介绍，梨树本自然长成，形成今天的规模很不容易，是他们一代代祖辈传承移栽、繁衍而成的。早在明清两朝，这里产的蜜梨便已是御用佳品，经过300多年岁月的滋养，自然是蕴含天地精华，元气满满。

如今，逢新农村建设大潮，杨家台蜜梨产业得政府扶持，发展更为迅速。2015年镇罗营镇因蜜梨产业效应成功被选为农业部第五批全国“一村一品”示范村镇，杨家台村的古梨种——“乐逍遥”小蜜梨进入世人的视野；而2018年和2019年连续两年举办的“环长城100”国际越野挑战赛，也为杨家台的小蜜梨迎来了宣传的契机。其实，早在1989年，杨家台的蜜梨品种就在全国果品展评会上名列第三，被誉为“京东蜜梨”。杨家台的老百姓致力于打造独有“工匠心智”的稀缺蜜梨，取名“乐逍遥”，表达“自在逍遥乐开怀”之意。以杨家台为中心的镇罗营镇蜜梨生产基地及蜜梨专业产销合作社已经正式成立，实施有机种植，使所产蜜梨肉质更加细腻，甜脆。

2020年初，镇罗营镇全面梳理了全镇在果品产业发展当中存在的种植、销售等全产业，并主动对接邀请国内果树领域专家走进镇罗营镇，深入果园实地把脉研究，结合地区气候、土壤、水源等局部特殊要素制定专项土壤改良方案，实施果品提质增效工程。杨家台村蜜梨示范园作为“提质增效”示范园之一，在专家的指导下，采用了土壤改良、植物营养均衡技术，加强树体管理，不仅使蜜梨单果重量及水分有所提升，在甜度上也提升了不少。

村头采访（蔡清菁摄）

镇罗营镇“乐逍遥”蜜梨基地（蔡清菁摄）

三

生吃熟食两相宜

杨家台蜜梨俗称“金星小蜜梨”，一口咬下去，甜脆多汁，梨甜似蜜，口味堪比库尔勒香梨，外形却更为周正，单果在100克上下，核小皮薄，连表皮的点点金星也别有一番风味，其实这金星就是汁水含糖多而析出的。据测定，新下树的蜜梨甜度达到12.7，经过储存数月后再次检测，甜度能达到将近16.5，高于普通梨子（甜度10左右）一大截。

食梨对人的身体大有裨益，药书《本草纲目》中曾记载：“梨者，利也。其性下行流利也。”并明确指出梨可“润肺凉心，消痰降火、解疮毒、酒醉”。《本草通玄》中提到梨具有“生者清六腑之热，熟者滋五脏之阴”的功效。中医学认为梨性寒、味甘、微酸，入肺、胃经，有生津、润燥、消痰、止咳、降火、清心等功用，可用于热病津伤、消渴、热痰咳嗽、便秘等症的治疗。

秋冬季节，天干物燥，一种应季甜品悄然出现在人们的餐桌上，那就是蒸梨。与其他地方的冰糖蒸梨、川贝蒸梨、酒酿蒸梨等做法有所不同，平谷人最道地最直接的烹饪方式就是不加任何辅料，原滋原味地鲜蒸蜜梨。

做好这道传统食补的关键是使用杨家台村的蜜梨。将一个个手掌心大小的蜜梨整整齐齐地码放在锅里，简单蒸熟以后取出即食。刚刚蒸好的蜜梨香气扑鼻，颜色更加诱人，口感更为软糯，有着璞玉般的温润光泽，味道甘甜，老少咸宜，尤其适合脾胃虚弱的人群食用。

滋养身体是蒸梨的重要功效之一，因为蒸梨中不但含有丰富的苹果酸

蜜梨成熟时

蜜梨品牌“乐逍遥”

蒸蜜梨

和柠檬酸，还含有多种维生素和胡萝卜素，这些营养成分易于人体吸收和利用，能促进人体代谢，也能清除人体内积存的垃圾与毒素，可以滋养身体，对提高身体素质有很大好处。蒸梨性质寒凉，能清热去火，也能润肺止咳，可以有效消除人体气管与肺部的炎症，也可稀释痰液，还能提高人体的抗病毒能力。

梨花香满园

15 云边樵径草为踪，北宫于家春意浓

听说我要到平谷乡村调研，春花热情地邀请我上她家看看。

春花姓于，是个地道的平谷妹子，家住大华山镇后北宫村。她家从她爷爷的太爷爷辈儿起就生活在这片土地上了，祖祖辈辈以种地为生，到了春花爸爸这一辈，开始种大桃，办工厂。而春花读了大学，走南闯北之后，瞅准新农村发展的好时机，回乡大搞乡村旅游，开始了一段不一样的人生。

春花是学导游出身的，介绍起自己的家乡来总是激情洋溢，神采飞扬。后北宫村的历史，得从600多年前的明朝开始说起。据传当年朱棣还是燕王的时候，曾经在某年夏季到过此地，见四面环山，盆地中间有三条河流经过，青山绿水、景色宜人，是个避暑之地，故赐名北宫，后来分为前、后北宫。后北宫村因位于前北宫之北，故称后北宫，沿用至今。民间还流传着另外一个故事，据说明朝有一位大贪官告老还乡，在村子里给自己修了一个宅子，占地很大，颇有气势，像一个大宫殿，村民戏称为“北宫”，以北宫为界，以南为前北宫，以北为后北宫。贪官在当地作威作福，村民敢怒不敢言。后来贪官倒台，当地人以豪宅逾制僭越参了一本，大宅子因此被拆得干干净净。大宅子虽然没了，但前北宫、后北宫的名字却流传了下来。

如今的后北宫村以种植大桃闻名。后北宫村土地多为谷中平原，20世纪70年代，北宫村开始大面积发展果品生产，以种植大桃为主，辅以种植柿子、核桃、板栗等果树，大桃面积达到5000亩，远销全国各地甚至东南亚地区，有“天下大桃第一村”之称。说话间，我们的车刚好驶过一大片田地，春花往窗外指了指说：“看，这些都是桃田，可惜你们来晚了，早两个星期，这里是一片粉色的海洋。现在地里主要的活儿是浇水，还不算很忙，再过一阵子就迎来平谷大桃收获的季节了。”春花还说，村子南端有一条山岭，山岭以北就是北宫村的地界，地势稍高，村里的桃花开得要比山岭以南的晚一个星期。虽然北宫村的大桃上市比较晚，但桃子的口感更加香甜，一来二去，名声远扬，吸引了四面八方的果商来此采购，为此在村北建成全国第一个大桃批发市场。后北宫村大桃还在国家工商总局注册，商标为“北宫鲜桃”或“北宫贡桃”。村里还建起北京市第一家村办科研所——后北宫大桃研究所。

后北宫村全景

还没等春花介绍完，车子已经进了村，很快就来到了春花的家——于家大院。春花招呼着将车停在了旁边的汽配厂厂院里。这个汽配厂是春花爸爸白手起家创办的，是村里现有的五家村办企业之一，手下有员工20余人，每年有几十万的利润。春花一边抚摸着机器一边回忆着，小时候全家的吃穿用度主要靠爸爸的厂子，虽然也有波折，但一直坚持了下来，20世纪90年代她在镇里读寄宿学校，爸爸每个月都给她一千元的生活费，还时不时带她到北京城里玩好玩的、买好吃的，现在想想都是美好的童年记忆。春花也继承了老爷子敢闯敢干的性格，大学毕业在大型旅行社干了几年导游后就出来单干了，成立了自己的旅游公司，提供团建拓展、旅游定制、会议服务等一条龙服务，闯出了自己的一番天地。

我们一边聊着一边走进于家大院，院子坐落在村子的东头，背倚龙山，一条水渠从院子侧面经过，依山傍水，整个院落是一处颇有中式传统风格的四合院。首先映入眼帘的是古香古色的院门，雕梁斗拱，灯笼高挂，门楣上4个大字“宫中人家”。春花妈妈笑盈盈地将我们迎进门来。院子的规模不算太大，是个一进的院落，有7间自带洗漱池的客房，能容纳十几人餐饮住宿，有传统的大炕房，也有大床房，房间被布置得干净雅致，特别适合小型的公司团建或家庭假日休闲旅游。院子里有精美砖雕的影壁，室内有典雅大气的中式家具，多宝格上摆放着各种瓷器，体现出主人对传统文化的热爱与推崇。一树梨花竞相开放，清香扑鼻，外墙上挂着蓑衣，角落里还有个小小的秋千，花坛里花儿朵朵，处处充满着温馨的生活气息。

我们坐在院子里一边晒太阳一边话家常。春花说她家搞旅游接待已经10年了，之前她公司的主要业务是国内团队游，她整天带团天南海北地到处跑，慢慢地精力体力都开始吃不消，孩子太小也没人照顾，而且团队游

于家大院院门

渐渐不景气，乡村休闲旅游开始兴起，所以她调整思路转换市场，将目光转向了自己的家乡。自家院子平时有一半的房间都空着，妈妈做得一手好菜，后北宫村虽没有什么景点，但交通方便，离丫髻山、桃花海、老象峰等景点都不远，又有大桃这张名片，周边可开发挖掘的旅游资源很多，自己搞了多年旅游，手上积攒了很多客户资源。真可谓天时地利人和。春花不愧是旅游专业出身，有理论又有实践经验，她的想法得到全家的支持，很快将于家院子改造成集住宿、餐饮为一体的特色农家乐，当时在村里是头一份。经过多年的经营，于家大院的旅游接待项目已经搞得风风火火，名声在外，每逢周末或者五一、十一、庙会等节假日订房量爆增，有时甚至需要提前一个月预约。

于妈妈做的农家饭是于家大院的金字招牌，尝过的客人们都交口称赞，念念不忘。临近中午，于妈妈特意为我们做了一顿丰富的特色农家宴，六荤六素杂粮饼子加自酿的白酒，满满当当一桌子，最具特色的是一道当地传统美食——排骨豆角粘卷子。趁着做饭的工夫，我溜进厨房偷师学艺。于大妈正在案板上做卷子，其实就是把面团擀成大薄片，均匀撒入五香粉、盐、白芝麻、油，再加上新磨的花椒面，从一头卷起到另一头，整个卷成大约三指宽的卷，用刀从一头切成手指宽的条，取一条两手同时捏住两头，向相反的方向旋转，最后抻一下，捏大概两三条时粘在一起形成一排，把每条都旋转好捏在一起。打开锅盖加入盐、鸡精调味，将做好的卷子提起捏住两头再抻一次拉长并平铺在锅中，每排都这样紧贴着放在菜上面。盖上锅盖焖煮10分钟即可揭锅。10分钟后，打开锅盖用筷子挑开，分别把每排卷子扒拉开，既有菜又有主食且美味方便的一道排骨豆角粘卷子就做好了，整个过程行云流水，看得人眼花缭乱。在我看来，这卷子的做法有点类似于做油条，烹制过程又有点像焖面，着实有趣。

排骨豆角粘卷子制作过程（一）

排骨豆角粘卷子制作过程（二）

我尝了一口刚刚端上桌的卷子，卷子已经浸泡了浓浓的汤汁，口感筋道，十分美味。

桌上还有一道甜点特别吸引我，色泽金黄，颜值诱人，这就是甜水黄桃，一口下去酸甜适口，口感脆嫩，特别解腻，和平常在市面上看到的黄桃罐头很不一样。春花介绍，这是后北宫村产的黄桃，个大皮薄，水分大甜度高，鲜果也可直接食用，单价能达到15元一斤，品质极佳，每年出口日韩等国，是村里出口创汇的拳头产品。其他菜品如自家种的有机菜和自家磨的豆腐，都有食物本真的味道。大家着实羡慕起春花的生活。她平时住在北京城里，到了周末和节假日，就回到村里，陪陪父母，和新老客人处得像朋友一样，带着大家感受闲适的乡村生活，春天赏花，夏季摘桃，秋天登高，有时采采绿色蔬菜，春种夏长秋收冬藏，随时令而

于家家宴

动，不用刻意安排，便是城里人向往的有山、有地、有院子，还有好酒的生活。

谈及对未来的规划打算，春花眼中充满了憧憬。这几年平谷区大力推行全域旅游，出台了很多优惠扶持政策，人们对旅游产品的要求也越来越高，春花计划着首先对于家大院进行升级改造，使现有的接待水平更上一个档次；下一步，将爷爷留下的小院重新设计，打造成精品民宿，以满足不同消费群体的需要。还有，父亲年事已高，准备退休了，春花想着将汽配厂打造成农村生活体验馆，开成豆腐坊、酿酒坊、刺绣坊等，吸引更多游客平日里也来这里游玩。此外，大力开发土特产品，除了后北宫村的大桃，还要打通附近十里八乡土特产品的产销渠道，整体设计，统一标识，走绿色有机精品路线，形成乡村旅游吃、住、游、购等一体的旅游体系，

于春花（中）接受采访（于春花供图）

于家大院春景

让更多的乡亲们参与进来，带领大家共同致富。

春花和她的于家大院是新时期新农村建设的缩影。我相信，在春花这样的新一代知识青年的带领下，北京京郊农村的发展将更上一个新的台阶。

16 咏桃

七月末，在金海湖小住，闲来无事，总爱逛逛路边的露天市场。说是市场，实际上规模也不大，在宾馆门口围了一圈，蛇形排开，几十个摊位。摊主都是附近的村民，主要售卖一些山货，品类繁多，有核桃、山楂、山杏等干果，各色杂粮、各种野生干菌，还有一大堆叫不上名字的野果。当然，卖得最好的，当数当季的平谷鲜桃。把头的摊位是老两口，大约60岁，一大早拉来一车自家种的大桃。大桃鲜嫩饱满，绿叶上还带着露珠，不一会儿工夫就卖完了。有时去晚了，还买不着。一来二去，我们跟大娘熟稔了，央求着大娘带着我们去采摘鲜桃。

下午4点半，天色渐暗，阳光不那么毒辣，一行人坐上大娘的农用车，浩浩荡荡来到了大娘的桃园。听大娘介绍，她家种桃的时间不长，也就七八年，以前家里是种地的，后来看到来金海湖旅游的人越来越多，游客们都对鲜桃感兴趣，于是在村里的带动下，也开始种桃，选种的品种是口感脆甜的久保桃。大娘说种桃是个辛苦活儿，春季伺候开花，平时要多浇水，初夏开始套袋，秋季要剪枝，每一样都是需要耐心和体力的活儿。大桃的采摘季短，大量上市的时候更是忙得脚不沾地，老两口精力有限，只种了3亩地，主要供夏季旅游旺季售卖。

推开桃园的大门，桃树种得密密麻麻，每一棵上都果实累累，压弯了枝条，鲜桃白中带粉，在夕阳的映衬下更使人垂涎欲滴。同行的小朋友们都跃跃欲试。大娘拿出几个大桶，一边给大家分发一边仔细叮嘱着，桃子有桃毛，要小心皮肤过敏，隔着塑料袋摘吧，摘下的桃放大桶里，免得磕碰坏了。

我们四散开来，在桃园里采摘起来，桃树是经过矮化密植的，不算太高，低处的桃子小朋友也能够得着。瞅准一个粉嫩的大桃，用手轻轻一拽，桃子就被采摘下来了，每一个都有成人拳头大小。大娘在一边看着，

硕果累累

一边指点着大人们采摘高处的桃子，因为高处的桃子光照更多，口感更加香甜，个头也更大。有的桃子长得实在太高，大娘亲自上手，使出撒手锏——一根长得像晒衣杆的长杆。这根长杆头上的夹子尾上带着操纵杆，大娘熟练地操作着长杆，对准树梢上的大桃小心翼翼地一夹，大桃就稳稳地被夹下来。桃园里充满了欢声笑语，小朋友们最是开心，尽管大汗淋漓，也舍不得停歇，一会儿工夫就摘了满满几大桶。

大桃采摘

体验采摘的乐趣

天下大桃第一镇——大华山镇

像大娘家这样的个体种植户，在平谷区整个的大桃产业中占比不多，更多的是规模化的种植。在大桃第一镇大华山镇，看到的是另一番景象。大华山镇是以大桃产业为主导的林果生产专业大镇，经过50余年的发展，拥有白桃、黄桃、油桃、蟠桃4大系列218个品种，栽培面积发展到4.7万亩，上市供应时间长达6个月——从6月至11月，形成了具有相当规模的大桃产业基地，创下了北京乡镇级多项第一：大桃种植面积第一、大桃总产量第一、大桃品种数量第一和大桃总收入第一。多年来，大华山镇坚持“生态产业化，产业生态化”的发展理念，2019年，实施大桃增甜工程2000多亩，推广引进优新品种50多个，大桃总产量6000万公斤，实现产值2.1亿元。在产业发展过程中，仍存在不少问题，如劳动力老龄化、土地碎片化、土地撂荒、农民组织化程度低、农民抵御市场风险能力弱、“小而全”经营等，这些都已成为产业进一步发展的制约因素。

为破解上述问题，平谷区委、区政府高度重视，从提高农民组织化程度和社会化服务体系建设方面下功夫，在大桃主产区大华山镇、刘家店镇开展桃全产业链社会化服务体系建设乡镇试点工作，制定了《平谷区桃全产业链社会化服务体系建设乡镇试点奖补政策工作方案》。两个试点乡镇分别组建了以北京互联农业发展有限责任公司和北京点点创意科技有限责任公司等为主体的社会化服务组织，建立了菜单式服务组织运营体系。服务组织根据服务内容成立了新技术、新品种、新产品推广、果树修剪、果实套袋、机械作业、果品产后销售等服务队，满足果农社会化服务需求。

在大华山镇小峪子村的万亩桃田里，一排排笔直的钢管整齐划一地立在每棵桃树主干旁，每根主枝用铁丝牵引拉向钢管，向钢管靠拢。这是平谷区开展的全产业链社会化服务体系建设试点工作中的老旧果园倒拉枝型标准化改造工程，主要目的是通过标准化改造把一家一户的“小散户”桃园连接起来，在不进行土地流转、不改变承包关系的情况下，实现联户规模生产，同时，改造后的果园通风透光，打开了行间距离，便于机械化作业，这也为社会化服务开展创造了条件。

平谷区开展社会化服务体系建设试点工作，力争用3年的时间，通过政府搭台、党建引领、合作社（新农人）运营的模式，建设大桃全产业链生态闭环服务体系，摸索出一条党建引领推进适度规模经营的新路径，培养出一批懂技术、爱农业的新型职业农民，打造出一批高标准示范园区，探索出一个以销售带动服务的新模式，为全区乃至全市实现产业“农民组织化、经营规模化、服务社会化、水平专业化”提供宝贵经验，助力全区大桃产业高质量发展。

北宫贡桃（于春花摄）

大桃整装待发，行销各地（于春花摄）

收获的季节（于春花摄）

蟠桃高高挂（于春花摄）

知否，应是红肥绿瘦（于春花摄）

17 京东桃花源，世界休闲谷

一

2020北京·平谷世界休闲大会

世界休闲大会是世界休闲领域最具影响力的学术盛会，受全球新冠肺炎疫情影响，原定于2020年10月举办的第十六届世界休闲大会，终于在2021年4月15日—21日在北京市平谷区成功举办。

本届大会秉承“全域、全季、全民”的理念，通过国际化元素的融入、信息化的会务管理、前沿的理论分享、中国传统休闲文化的呈现等，达到“体现国际水准，彰显中国特色，打造休闲品牌，共享学术盛宴”的办会目标，推动首都休闲业态蓬勃发展，引领世界休闲新风尚，展现新时代大国首都新风貌。世界休闲大会采取“1+4+N”的办会模式，即一个主会场、4个分会场和多项配套活动。会议期间通过“线下+线上”同步的模式，举办开、闭幕式及颁奖盛典。

大会的学术论坛包括一个主论坛和14个平行分论坛。主论坛围绕“休闲提升生活品质”的主题开展，分论坛围绕“休闲城市与城市化”“休闲与创新”“休闲教育与休闲文化”“休闲运动和体育活动”“休闲与社会”等话题展开讨论，充分展现休闲多样性，传播全民休闲理念。其中，9项特色休闲活动包括学生实训活动、中国国际智力游戏挑战赛、桃花大舞台民俗文化展演、嘉宾观影活动、北京国际“桃文化”论坛、桃花源书法活动、极限运动休闲假日、提琴之乡体验之旅及丫髻山中国传统休闲文化交流会暨太极展演活动。

北京 · 平谷世界休闲大会

二

金海湖文旅小镇

金海湖文旅小镇以金海湖湖光山色为基底，以文化旅游为驱动，重点打造金海湖国际会展中心、金海湖农业休闲广场、金海湖精品民宿等项目。2020北京·平谷世界休闲大会的主会场——金海湖国际会展中心惊艳亮相。她坐落在美丽的金海湖畔，气势恢宏，总建筑面积为6.5万平方米，建筑群以平谷特有的山谷地貌为灵感，连绵起伏的屋顶与远处的山势交相呼应，外立面混凝土挂板纹理则体现出金海石及山水画卷的意象，将山石文化、上宅文化、桃源文化有机地融入“石林雅筑”的建筑理念中，展现了平谷地区的山石桃林特色。作为金海湖文旅小镇的地标性建筑，金海湖国际会展中心无疑将成为京东地区独一无二的休闲文化展示中心与旅游胜地。

金海湖国际会展中心主会场全景鸟瞰

金海湖国际会展中心外景

金海湖国际会展中心配套酒店

金海湖的湖光山色

三

醉田园，沁山水，绿城市，蕴人文

2020北京·平谷世界休闲大会，向世人展示了一个田园生活祥和、山水景色秀丽、生态资源丰富、文化底蕴深厚的平谷。大会期间，在峪口镇、东高村镇、刘家店镇、镇罗营镇等4个分会场，开展了各具特色、别开生面的休闲活动。

作为北京·平谷世界休闲大会特色休闲活动之一，极限运动休闲假日活动在北京市平谷区峪口镇峪口广场开幕。本次活动以“全民参与，全民休闲，全民运动”为宗旨，将竞技性、娱乐性与观赏性相结合，邀请顶尖专业选手现场表演，打造极限精英表演赛，为现场观众带来视觉盛宴。同时在现场设置互动体验项目，吸引更多大众参与活动、深入了解极限运动，促进文化、体育交流，培养青少年群体对极限运动的热爱，助力中国极限运动事业发展。

平谷区东高村镇中国乐谷音乐休闲公园北侧举办了北京·平谷世界休闲大会另一项特色休闲活动——提琴之乡体验之旅。活动围绕中国·乐谷主题定位，在北京·平谷世界休闲大会音乐休闲分会场打造“音乐休闲”主题活动，以音乐为特色引领，以文旅带动文创等产业综合发展，让参与者在体验时尚休闲方式的同时，开启一场独具特色的音乐之旅，推动休闲旅游产业发展，促进旅游消费，扩大中国提琴之乡的国际影响力和知名度。活动现场以舞蹈、民谣、乐器、说唱等多种音乐形式演绎中西方音乐多元素的碰撞与交融，更有全民休闲舞台、“音乐+快闪舞蹈”、“音乐+涂鸦墙”等形式引爆现场，解锁音乐跨界新玩法，展现平谷休闲文化新玩法。

丫髻山中华传统休闲文化交流会暨太极展演活动在北京市平谷区丫髻山景区举行。本次活动涵盖“一演+一展+一赛+一集+一会”，分为“中华太极门休闲丫髻山”联合太极表演、中华太极主题展、休闲丫髻山登顶挑战赛、丫髻山传统文化集及丫髻山中华传统休闲文化交流会五大板块，旨在进一步夯实“丫髻福地”“养生福地”全域式文化休闲养生目的地品牌影响力，以太极休闲文化为龙头，助推刘家店镇五大文化“历史、民俗、生态、黄金、桃源”的推广传播。

丫髻山中华传统休闲文化交流会

“环长城100”项目是镇罗营镇文体旅游休闲产业系统的重要组成部分，是践行“艺术唤醒乡土，艺术连接城乡”艺术理念的产业创新项目，

"环长城100"项目通过高水平艺术创作及艺术理念改善、优化当地的生态环境和人文环境，发现、挖掘、引发和提升当地的文化旅游资源，形成先进的乡村休闲新业态。作为世界休闲大会的主要活动之一，"环长城100"国际越野挑战赛聚集了各方关注的目光。"环长城100"国际越野挑战赛的赛道穿行于古庙、古城堡、古长城之间，在初春生机盎然、满目苍翠的山林中，追寻古长城遗迹，倾听北京最美乡村的故事，别有一番滋味。

2020北京·平谷世界休闲大会的举办向世界展示了最新休闲学术成果，传播休闲生活理念，推介中国休闲生活方式，呈现多样休闲业态，吸引约11万名游客到平谷观光旅游，8万多人线上线下参与大会，是一届休闲学术盛会。特色休闲活动的举办更是为大会增添了更多休闲色彩。借助"五一"假期的热度举办特色休闲活动将有效提高平谷休闲旅游消费目的地热度，打造一批集休闲度假、娱乐体验于一体的精品周末休闲旅游打卡地，推动休闲旅游产业发展，进一步扩大"京东桃花源世界休闲谷"的国际影响力和知名度，促进平谷旅游消费，助推当地经济发展。

18 乡村振兴，路在前方

2020年8月30日，北京卫视热播的全国首档市民与公共领域对话的社会民生类节目《向前一步》，播出了题为“海子村的心路与新路”的一期节目，走进金海湖畔海子村，与未签约居民、镇政府工作人员一同直击“疏整促”行动难点，以海子村为模板，为乡村振兴提供了新的思路与发展途径。

海子村位于金海湖镇金海湖畔，是距离著名的金海湖景区最近的村子，从村口到景区大门车程仅5分钟。因其得天独厚的区位优势，成为金海湖镇乃至全区首批发展起来的民俗旅游村。自20世纪90年代开始，不少村民从事农家院经营，每到节假日游客成群。多年来，伴随着旅游业的发展，部分农家院经营者为了扩大经营场地，在南环路两侧搭建了违法建筑，不仅违反了规划，还堵塞了泉眼，遮住了青山，污染了环境，挤占了道路，导致旅游接待停滞在粗劣低端的发展模式，游客数量减少，陷入发展瓶颈。

为了恢复绿水青山，找到转型升级之路，2020年6月，金海湖镇启动南环路两侧拆违，涉及海子村的30多户农家院，到8月2日，已有24户签约同意拆违。政府工作人员来到海子村，到未签约农家院进行实地探访，倾听居民心声，摆事实，讲道理，为村民提供必要的帮助，打开村民心结，勾画金海湖镇“一十百千”工程的宏伟蓝图，共同促进海子村的升级改造，整体打造精品民宿，实现乡村振兴。

海子村现状

改造中的小院

一

金海湖镇“一十百千”工程与示范民宿

节目访谈中时任金海湖镇镇长介绍了金海湖镇“一十百千”工程，为金海湖镇乡村振兴特别是民宿业升级改造提出了解决方案。通过拆除违建，让海子村的泉眼亮起来，让山绿起来，实现青山绿水。用大环境的改造来吸引更多的游客，以牺牲短期的利益获取更长远的发展，实现从无序向有序发展，从过去乱占耕地的粗放式发展向减量集约式发展，从过去背离“绿水青山”式的发展向“人与自然”和谐发展，从原先只有31家农家乐向全员都可参与的模式发展。海子村整体改造完成以后，品牌效应更强，大家的收入更高。节目中还以“代家小院”和“代舍”为例，介绍精品民宿未来的发展方向。

“一”：由镇政府牵头，成立“金海湖精品民宿”联盟（金海湖镇土地联营公司），积极吸纳国有资本、村集体经济组织、农户、社会资本、新媒体等入股，依托专业策划、管理团队，打造形象品牌，统一规划发展、规范服务、运营管理、宣传推广。

“十”：充分利用金海湖丰富的人文景观资源，按照一村一品的方式，打造金海湖特色文化、山水田园、古法采金、佛见喜梨采摘、徽派、养生等各具特色、多种体验的精品民宿，避免无规划发展、同质化竞争。

“百”：精品民宿规模。利用现有集体房屋、个人闲置宅基地发展精品民宿，引导民俗户提质升级改造，推广“以房入股”“管家式就地就业”，制定准入退出机制。近期（2020年）推出40家左右精品民宿，中期（2021年）达到百家规模，实现品牌化、规模化、集群化运营。

“千”：精品民宿定位千元级消费，结合精品民宿发展模式，打造推广金海湖品牌。

代家小院原先也是个破败不堪的农家院，经过近一年的升级改造，成为金海湖镇率先发展起来的精品民宿，为民俗旅游向休闲旅游转型升级提供了示范。代家小院的民宿主是一位有故乡情愫的都市青年，打造民宿的初衷是回归自然，寻找童年的记忆，让在城市生活的孩子感受自己小时候

代家小院一景

生态会客厅

在农村乡下，房前屋后、田间地头奔跑玩耍的快乐。以金海湖的湖光山色为创作灵感，营造代家小院自身的景观特色，建筑以纯白色为基调，前庭以绿色草坪铺就，浅蓝的一汪池水镶嵌其间，与远处的蓝天白云青山遥相呼应，打破传统的民宿模式，将民宿体验升级为房、院、水、田的整体感受，让人过目不忘。代家小院不仅重视景观营造，而且还注重细节把控和主题策划。创立初始，先后打造了“返璞归真，回归自然”“回到爸爸妈妈的童年”“放空自己，充实心灵”“一起去露营吧”“‘七’待已久，‘夕’望是你”等主题活动，让游客感受春天的温暖与爱意，拥抱七月盛夏的灼热，沉浸漫山遍野的秋色，品尝暖冬微甜的诗意。代家小院自开业以来客源不断，欣欣向荣。作为率先“吃螃蟹”的人，谈及未来，民宿主人充满期待，希望金海湖镇“一十百千”工程能够早日形成品牌效应、规模效应，吸引更多的游客。

二

宜居的新型乡村社区——五十公里·桃花坞

以海子村为代表的传统民俗旅游村还在经历转型的阵痛，一批批新型乡村社区也正在脱颖而出。大华山镇梯子峪村就是其中的佼佼者，其成功入选2021年中国美丽休闲乡村名单。那么，这个原本名不见经传的小山村是如何走入人们的视野，成为乡村休闲旅游的成功典范的呢？简单来说，是打好了手中的三张牌。

第一，打好了“生态牌”。

梯子峪村位于北京市平谷区大华山镇北部山区的桃花谷，村域总面积1.69平方千米，常住人口150人。梯子峪村海拔220米，三面环山，村落依山就势，院落大多背山向南，民居不规则地分布在沟谷两侧。村内土地多为沟谷台地和梯田，因状似梯子而得名。梯子峪村依托良好的自然禀赋和优质的林果资源，形成了“二季有果、三季有花、四季常绿”的独特景观。

梯子峪生态村（蔡清菁摄）

第二步，打好了“产业牌”。

多年来，当地村民一直以种植平谷大桃为生，但由于种植主体“小、散、杂、低”，栽培模式传统落后等原因，造成当地果品品质参差不齐，销售渠道单一，桃子深加工能力落后，产业链价值和竞争力双低等问题，严重制约了当地大桃产业转型升级和高质量发展。针对上述问题，以当地特色产业平谷大桃为切入点，通过“大桃种植+桃酒酿造+乡村文旅”一、二、三产业的有效融合，重构乡村产业结构，改善乡居村容村貌，提升产业品牌价值，促进村民就业增收，推动乡村文化振兴。建设“三堂两庭一会”（酵堂、礼堂、食堂、客庭、门庭和会仓）的配套设施和进行20栋民

桃花坞谷仓（蔡清菁摄）

桃花坞小径（蔡清菁摄）

宅改造。

第三步，打好了“营销牌”。

万事俱备，只欠东风，乡村休闲旅游最重要的是吸引游客。重视营销，以文化人，与门户网站合作打造理想社区IP——桃花坞。2021年5月，一档群居生活体验类真人秀节目《五十公里·桃花坞》成功走红，这是一档关于理想社区养成的社会实验真人秀，也是一场探寻物质和精神共识的溯源之旅。15位居民用21天的时间进行居住体验，建立人地联系，挖掘资源，在梯子峪村构建了一个集艺术、人文、科技于一身的理想社区——桃花坞。

建设中国美丽休闲乡村是展示民俗文化、保护传统民居、建设美丽田

桃花坞650系列文创icon

桃花坞文化墙（蔡清菁摄）

园、发掘乡村价值、丰富乡村经济业态的重要途径，是促进农村一、二、三产业融合发展的重要举措。农业农村部《关于拓展农业多种功能促进乡村产业高质量发展的指导意见》（以下简称《指导意见》）中也提出，做精做优乡村休闲旅游业，发挥乡村休闲旅游业在横向融合农文旅中的连接点作用，推动乡村休闲旅游业高质量发展。在实施乡村休闲旅游精品工程方面，《指导意见》明确，要推动资源适度集聚，强化典型引领带动，构建“点线面”结合的乡村休闲旅游发展格局，培育美丽宜人、业兴人和的美丽休闲乡村，推动产村融合发展，带动乡村生产生活生态价值提升。

冬日的桃花坞（蔡清菁摄）

参考文献

[1] 平谷县志编纂委员会.平谷县志[M].北京：北京出版社，2001.

[2] 柴福善.平谷史话[M].北京:民族出版社，2016.

[3] 北京市政协教文卫体委员会.长城踞北[M].北京:北京出版社，2018.

[4] 郭京宁.北京考古史（史前卷）[M].上海：上海古籍出版社，2012.

[5] 柴福善.丫髻山[M].北京：民族出版社，2012.

[6] 王振国，周彩伶.文化平谷[M].北京：中国图书出版社，2011.

[7] 李永明，孙景权.昔日穷乡僻壤　今朝北国“江南”——北京市平谷区挂甲峪村发展纪事[N].农民日报，2017-08-26（2）.

[8] 曹晶瑞.平谷有个行宫村：因山建宫，因宫立村[N].新京报，2019-12-30（4）.

[9] 刘杨洋.小提琴线上“直播带货”，平谷企业探寻新模式[N].北京晚报，2020-4-17（6）.

[10] 朱松梅.一箸入口，三春不忘:去平谷峪口香椿节尝一口春天[N].北京日报，2021-4-19（4）.

[11] 许珂.第三届环长城100越野挑战赛收官[N]，中国体育报，2021-4-19（6）.

[12] 方彬楠.“百日会战”平谷蜜梨提质增甜传捷报[N].北京商报，2020-09-16（5）.

[13] 孙云柯.破解“小而散”，平谷试点社会化服务发展大桃产业[N].北京日报，2021-05-24（2）.

[14] 平谷区政府.打造休闲领域新高地，北京·平谷世界休闲大会盛大开幕[EB/OL]. http://www.bjpg.gov.cn/pgqrmzf/zwxx0/jrpg/632584/index.html，2021-4-16.

[15] 北京卫视.向前一步——海子村的心路与新路[EB/OL]. https://item.btime.com/84po8n10j91fq43hjr1hln64so0，2020-08-30.

[16] 农业农村部.关于拓展农业多种功能促进乡村产业高质量发展的指导意见[EB/OL].http://www.moa.gov.cn/nybgb/2021/202112/202201/t20220104_6386258.htm,2021-11-25.

[17] 北京市规划和自然资源委员会.《北京市浅山区保护规划》（2017年—2035年）[EB/OL].http://ghzrzyw.beijing.gov.cn/zhengwuxinxi/ghcg/zxgh/202106，2021-06-25.

[18] 雷小海.雷越野2021环长城100国际越野挑战赛赛道解析[EB/OL]. https://mp.weixin.qq.com/s/Ns2JNQEaBFUtNFCG0pW99A，2021-04-06.

后　记

作为奔波在北京的异乡客，我平时的生活轨迹主要围绕“东西海朝”几大城区，对于京郊乡村的印象，仅仅停留在节假日游玩的浮光掠影中，要写这样一个乡土化的选题书稿，无疑是困难的。行走乡野，感知山水，倾听心声，寻找乡愁，这是我写书的初衷。

凭借乡间小住的温暖记忆，我写下了第一篇《挂甲峪的山居生活》，而后几次三番去实地走访，收集素材寻找灵感，其间也查阅了大量文献资料和网络资源，对于平谷乡村的历史和文化有了更多的认识和发现。可惜自己的文学修为太浅，写作也常常不得要领，每每动笔总感觉词不达意，中间又因为疫情影响，调研及编写断断续续。虽然如此，日积月累之下，也渐渐完成了书稿雏形。拿到排版稿的那一刻，我如释重负，自己也算为挖掘北京乡土记忆、弘扬北京乡土文化尽了一份小小心意吧！更何况，平谷的山川和故乡的山川有几分相似，恍惚间他乡亦是故乡了。

每次到平谷调研，心情愉悦而自在，挣脱了平日单调而紧张的工作，来一场心灵的洗涤，听鸡鸣犬吠，蛙鸣蝉叫，仿佛回到童年。在山间徒步，偶然发现一眼泉水、一簇野花，心生欢喜；有时突遭狂风暴雨，随遇而安，体会“空山新雨后，天气晚来秋”。调研中也充满意外之喜，太后村的刘二平大姐，听说我们此行的目的，顶着烈日领我们去看村里世代保护和珍视的八思巴文石碑，聊起了她多年来带领乡亲们打造太后特色美食的心路历程，对家乡的热爱之情和改变家乡落后面貌的殷切愿望溢于言表。行宫村的于书记，得知我们突然造访，特意开放乡情村史陈列室，并为我们全程讲解。

此书的调研及编撰过程中，得到了很多人的帮助，在此表示感谢！感谢亦师亦友的张景秋教授，这位具有浪漫主义情怀的人文地理学者，引领我这样一个“野路子”走上文化感知之路。感谢好友于春花，借助她的视角，我挖掘到更多鲜活的乡村生活案例。感谢调研中结识的许许多多如刘二平大姐、于书记一样的父老乡亲，他们的质朴言语、真诚笑脸深深印刻在我的脑海里。感谢参与调研的同事们，熊黑钢教授讲解的自然地理生动有趣，董恒年老师谈起历史典故神采飞扬，叶盛东老师为了拍摄美景不遗余力，孙颖老师、朱海勇老师、李艳涛老师、周爱华老师为调研方案出谋划策，还要感谢可爱的学生们——贾少良、蔡清菁、王妍蕊、尹琦、王远航等，在资料收集和实地调研中做了大量工作。

感谢朱佳老师及范晓薇老师、张翎老师在前期策划中所做的辛苦努力，感谢丛书编著者们的集思广益，感谢北京出版社的大力支持。感谢我的家人和朋友们对我的包容与支持，特别向我的挚友，山川治理的践行者李振国同学致敬！

付　晓

2021 年大雪于儆居